Lifestyle Health and Exercise

생활 건강과
운동

Lifestyle Health and Exercise

생활 건강과 운동

김수연 지음

건강한 나를 위해 오늘도 최선을 다한다

코로나19로 인해 약 3년간 전 세계적으로 보이지 않는 바이러스와 전쟁을 했다.

바이러스에서 승리한 자! 신체적·정신적·사회적으로 건강한 자만이 살아남았다.

건강은 내가 지킨다.

비싼 영양제, 의료서비스가 아닌 생활 속 규칙적인 신체활동을 통해 건강을 지키는 것,

올바른 운동법과 신체 리듬을 활발히 움직여 완전체를 만드는 것,

신체적 바이오 리듬을 파악하여 약한 점을 체크하고 강하게 만드는 것,

내게 맞는 운동법과 식이요법 밸런스를 통해 신체적·정신적·사회적으로 안정을 만들어 가는 것.

3편의 책 출간 후 7년간의 공백이 있었지만, 100세 시대의 반을 달려온 2023년 6월 12일(아들 생일날) 집중과 선택을 통해 4번째 책을 출판할 수 있었다.

지금은 실패의 두려움을 걱정할 때가 아닌, 무조건 시작하는 때임을 깨달았기 때문이다.

나의 모든 것을 나보다 더 많이 알고 계시고 매 순간 인도하시는 하나님께 감사와 영광을 높이 올려 드린다. 언제나 모든 일정을 간섭하시고 필요한 것을 먼저 완벽하게 예비하시고 공급해 주시고 부족한 자를 위해 솔로몬의 지혜를 허락해 주신 하나님께 다시금 감사를 드린다.

365일 무조건 내 편인 나의 반쪽 구철웅 남편께 진심으로 감사함을 표한다.

실망과 실패도 하고, 계획대로 이루어지지 않아 힘들어하기도 하고, 닭똥 같은 눈물을 흘리며 서슴없이 힘들다고, 도와달라고 호소하기도 하고, 본인의 꿈과 미래에 대해 소소히 이야기하는 녀석, 엄마 아빠와 같은 길을 가겠다고 선포한 후 뒤늦은 학업의 참맛을 느껴 오늘도 먼 곳에서 열공하고 있는 하나님의 선물 구동현 군.

아들! 엄마는 구동현이 엄마의 아들이라서 매우 자랑스럽다. 그리고 아주 많이 사랑한다.

나는 오늘도 새로운 것에 도전하고 있다.
나는 실패와 절망이 두렵지 않다. 왜냐하면 나는 김수연이니까!
나는 사람에게 의지하지 않는다. 내게 능력 주시는 자 안에서 내가 무엇이든지 할 수 있다.

氷上人 김수연 박사
2023.06.12(아들 21번째 생일날)

목차

제1장

생활 건강과 운동

중점학습내용: 1. 운동의 필요성   2. 건강의 필요성   3. 운동의 효과

Key word: 건강, 운동 부족, 필요성

1. 건강을 위한 운동의 필요성

　규칙적인 운동과 신체활동은 우선 심폐기능이 향상되고 관상동맥질환의 위험요인이 감소하며, 이를 통해 전체적인 병의 발생이나 사망률이 감소하는 효과를 갖는다. 이런 신체적인 효과 외에도 불안하거나 우울한 증상을 감소시키고 활력을 증가시키는 효과를 갖는다. 규칙적인 운동은 노화 방지, 면역효과 증가, 관상동맥질환(협심증, 심근경색), 고혈압, 당뇨병, 고지혈증, 골다공증, 비만, 대장암, 유방암, 우울증 등의 예방에 긍정적인 효과를 준다.

　운동 부족으로 인해 심혈관계질환, 고혈압, 비만, 뇌졸중, 당뇨병 등의 순환기 계통의 만성 퇴행성질환은 규칙적이고 반복적인 운동의 실천을 통해 개선할 수 있다.

　운동 부족으로 인해 건강의 빨간 신호등이라 할 수 있는 스트레스는 정상적인 생명 작용에 영향을 미쳐 비정상적인 생명 작용을 발생시키는 일체의 자극을 말한다. 여기에서 비정상적인 생명 작용이란 정상적인 생명 작용보다 더 강하거나 혹은 더 약한 생명 작용을 의미한다. 스트레스가 점차적으로 누적되면 신경 작용과 신경조직이 충격을 받게 되며 이로 인해 마음이 불안해지거나 잠이 잘 안 오거나, 혈압이 올라가거나 내려가고, 어지럽거나 골치 아픈 증상, 어깨가 무거워지는 증상, 소화가 안 되는 등등의 건강문제를 발생시킨다.

2. 건강의 필요성

세계보건기구(WHO)의 헌장에는 "건강이란 질병이 없거나 허약하지 않은 것만 말하는 것이 아니라 신체적·정신적·사회적으로 완전히 안녕한 상태에 놓여 있는 것"이라고 정의하고 있다.

사람은 인종·종교·정치·경제·사회의 상태 여하를 불문하고 고도의 건강을 누릴 권리가 있다는 것을 명시한 것이다. 그리고 최근 추가적으로 경제적·지적·영적·문화적인 안녕까지를 포함한 7가지의 건강을 일컫는다.

1) 신체적 건강

인체에 질병, 상처 등이 없을 뿐만 아니라 정상 체력을 갖는 상태다. 규칙적이고 지속적인 운동과 적절하고 충분한 영양공급으로 면역 기능을 확보하여 질병에 걸리지 않고 질병에 걸려도 금방 회복할 수 있는 육체상태이다. 흡연, 과도한 음주, 편식, 운동 부족, 불규칙적인 식습관 등은 신체면역 기능이 저하되어 쉽게 질병에 걸리고 잘 치유되지 않는 상태와 대비적이다.

2) 사회적 건강

사회복지, 안정적 직위, 기본생활이 가능한 재력, 양호한 인간관계가 핵심이며, 사람은 사회적 존재이므로 건강한 사회성을 지녀서 이웃과 더불어 다 같이 잘 사는 지혜와 덕을 갖추는 것이 사회적으로 건강한 것이라고 할 수 있다. 그러나 사회적 건강이 불량하면 따돌림이나 불이익을 당해 스트레스가 쌓여 정신적 건강을 해친다.

3) 정신적 건강

행복하고 만족하며 원하는 것을 성취하는 것 등의 안녕 상태 또는 정신적으로 병적인 증세가 없을 뿐 아니라 자기 능력을 최대한 발휘하고 환경에 대한 적응력이 있으며, 자주적이고 건설적으로 자기의 생활을 처리해 나갈 수 있는 성숙한 인격체를 갖추고 있는 상태를 말한다.

건강을 유지하기 위해서는 신체적·사회적·정신적인 상태를 모두 고려하여 상호작용을 해야 한다는 것이다.

3. 운동의 효과

적당한 운동이 건강에 가장 많은 효과를 준다는 사실은 이미 많은 연구결과에 나타났다. 적당한 운동은 남녀노소 누구에게나 삶의 활력과 에너지원이 된다. 그러나 오히려 지나친 운동은 도리어 건강에 역효과를 초래한다는 것을 간과해서는 안 된다.

건강과 체력은 충분한 운동을 실시함으로써 효과를 증대시킬 수 있다. 그러나 최근에 고강도로 심폐기능을 증진시키기보다는 낮은 강도와 작은 강도의 운동으로서 신체에 효과를 얻을 수 있다는 보고가 있다(ACSM, 2000).

① 심장기능이 좋아진다.
② 혈압이 낮아진다.
③ 심장질환의 위험이 줄어든다.
④ 체중조절이 된다.
⑤ 폐의 기능이 좋아진다.
⑥ 뼈의 미네랄 상태가 좋아진다.
⑦ 흡연습관이 줄어든다.
⑧ 혈액의 양이 증가한다.
⑨ 스트레스 관리 및 정신건강에 도움이 된다.
⑩ 혈당조절을 통하여 당뇨병 예방이 된다.
⑪ 근육계가 발달(근력 향상)된다.
⑫ 미오글로빈의 농도가 증가한다.
⑬ 근육의 에너지 이용능력이 향상된다.

4. 운동과 에너지 대사

1) 에너지의 근원

에너지란 활동을 위한 힘의 원천이 되는 것으로 ① 화학적 에너지, ② 기계적 에너지, ③ 열에너지, ④ 빛에너지, ⑤ 전기에너지, ⑥ 핵에너지가 있다.

2) 근수축에 필요한 직접적인 에너지인 ATP

음식물이 분해될 때 방출되는 에너지는 운동수행에 직접적으로 사용되는 것이 아니고 ATP(Adenosine Triphosphate: 3인산 아데노신)라고 하는 화합물을 만드는 데 사용한다.

ATP는 활동근에 직접적으로 사용할 수 있는 화학적인 형태로 인체의 근세포에 저장되어 있다가 필요시에 분해되어 에너지를 방출함으로써 운동수행을 가능케 한다.

3) 에너지의 공급체계

(1) 인원질 시스템(ATP System)

100m 달리기, 높이뛰기, 역도, 투포환 등과 같이 극히 짧은 시간(초 단위) 내에 강렬한 운동수행이 요구될 때의 에너지 공급

(2) 젖산 시스템(Lactic System)

젖산체계는 산소의 공급이 불충분한 가운데 신속히 에너지가 요구될 때 해당 작용에 의하여 ATP를 공급하는 것으로 최종산물로 젖산 생산

2~3분 내에 최대로 행해지는 운동 에너지 공급은 ATP=PC체계와 함께 주로 젖산체계에 의존

(3) 산소 시스템(O2 System)

에너지의 공급 속도는 느리지만 초성포도산이 완전히 산화되므로 젖산이 축적되지 않는다.

4) 운동과 에너지

휴식에 필요한 에너지는 우리가 섭취한 음식 중 지방에서 2/3가 오고, 글루코스에서 1/3이 온다.

(1) 무산소성 과정의 운동

짧은 시간 내에 운동활동을 수행할 때 동원되는 에너지 생성과정. 운동 종목(100m, 200m, 400m 단거리 운동)

대부분의 ATP는 인원질 시스템과 젖산 시스템에 의한 무산소성 과정으로 공급

(2) 유산소성 과정의 운동

운동시간이 5분 이상 지속되는 운동이라면 이때 필요한 에너지 공급은 유산소성 과정에 의한 에너지 공급에 의해 운동 실시

5. 체력

체력이란 외부의 스트레스에 대하여 생명을 유지하는 신체의 방위력과 적극적으로 외계에 동작하는 행동력을 말한다. 즉, 주체가 질병에 걸려 있지 않고 허약하지 않을 뿐만 아니라 생리적 기능이

정상인 상태로 육체적·정신적·사회적으로 완전한 상태에 있으며, 자기 신체를 능동적으로 조정하여 과격한 일을 능률의 감소 없이 장시간 지속할 수 있는 능력을 뜻한다.

1) 체력의 분류

(1) 행동체력(인간의 외부환경)

행동체력(Fitness for performance)이라고 하는 것은 적극적으로 외계의 활동을 하는 의지 행동을 포함한 신체적 작업능력이며 이것은 근육, 골격, 관절, 신경계를 주체로 한 기능이며 최종적으로 근육의 수축에 의해서 행동을 일으키게 되는 것이다. 스포츠와 노동의 현장에서 적극적으로 신체를 움직이는 것은 행동체력이다.

(2) 방위체력(인간의 내부환경)

방위체력이라고 하는 것은 외계의 스트레스에 대하여 적극적으로 신체의 활동을 방어하며 유지하려고 하는 신체의 방어능력으로 이것은 신체의 건강유지 능력에 관여하는 요소이다. 주로 내장, 내분비, 자율신경계, 간장 등이 방위체력에 관여하며, 기능적으로 보면 협응성, 반응성, 항상성, 저항성, 면역성 등에 관여하고 있다. 일반적으로 방위체력은 병에 견딜 수 있는 요소를 포함한 신체능력이라고 볼 수가 있다.

(3) 체력의 요소

일상생활에서 적극적으로 활동하는 데에 필요한 체력이다.

건강 체력의 요소 - 유연성, 신체구성, 심폐지구력, 근력 및 근지구력

(4) 운동 관련 체력

특정한 운동 기능에 특별히 요구되는 체력이다.

운동 체력의 요소 - 협응성, 평형성, 순발력, 심폐지구력, 근력 및 근지구력

(5) 체력 운동의 방법

① 운동 강도 - 체력 운동은 평상시에 사용하는 힘보다 강하게 하여 최대심박수의 60~90% 또는 최대 산소 섭취량의 50~85%로 한다.

② 지속 시간 - 체력 운동이 효과가 있도록 하려면 15~60분 동안 계속한다. 체력 운동 시간이 오래 지속되면 강도는 감소한다.

③ 운동 빈도 - 체력 운동은 규칙적으로 이루어져야 효과가 있다. 그러므로 1주일에 3~5일은 실시되어야 한다.

(6) 체력 운동의 효과

① 신체는 적당히 사용하면 사용한 만큼 그 기능이 강화된다.

② 체력 운동을 규칙적으로 꾸준히 실시하면 신체가 건강해지며 신체 각 부위의 기능이 원활해져서 운동능력이 높아진다.

③ 균형 잡힌 아름다운 몸매를 만들어주며, 강인한 의지력을 길러준다.

④ 심폐기능을 향상시키고 피로 회복도 빨라진다.

⑤ 인간 생활을 영위해 가는 데 기초가 되는 신체적 능력이다.

2) 체력의 구성

신체적 요인과 정신적 요인으로 구성하여 체력구성도를 제시하고 있다. 다시 말해서 우리 생활환경의 변화나 외부에서 오는 스트레스에 대하여 인간의 생명을 유지시키려고 하는 생존능력과 우리 몸을 보다 적극적으로 활동하고자 하는 능력을 뜻하는 것으로 방위 체력, 후자를 행동체력이라고 부른다.

· 활동을 일으키는 능력: 발현능력(Performing Power)
· 활동을 계속하려는 능력: 지속능력(Continuting Power)
· 활동을 조절하는 능력: 조정능력(Cooperating Power)

---

(1) 운동의 발현능력

① 근력-정적 근력(Static muscular strength, 최대근력) → 팔, 다리, 허리 등의 근군이 최대로 발휘될 수 있는 힘
② 동적 근력(Dynamic muscular strength, 순발력) → 순간적으로 갑자기 내는 폭발적인 힘(던지기, 치기, 때리기 등)

(2) 운동의 지속능력

근지구력: 매달리기(Hanging, 정적 근지구력), 팔굽혀펴기(Push up, 동적 근지구력)
전신지구력: 오래달리기(Long run) 등

(3) 운동의 조정능력

조정력: 민첩성(시간적인 면), 평형성(공간적인 면), 교치성(운동
　　　　성과의 총합적인 면), 유연성(조정력에서 별도로 취급될
　　　　수 있는 능력)

3) 운동의 원리

(1) 과부하의 원리

인체의 각 기관이 활성화 혹은 발달을 위해서는 일상생활에서 받
는 정도 이상의 부하를 가하는 운동을 해야 한다. 일상적인 강도의
운동 부하로는 피로만 누적될 뿐 운동의 효과는 얻을 수 없으므로
반드시 일정 강도 이상의 부하로 운동해야만 한다.

(2) 점증부하의 원리

갑자기 강한 강도로 운동을 하면 몸은 견딜 수 없고 쉽게 피로해
지므로 처음에는 가벼운 강도로부터 시작해야 한다. 그러나 계속
약한 강도에 머물러 있으면 운동능력은 더 이상 향상되지 않는다.
따라서 운동의 효과를 극대화시키기 위해서는 낮은 강도에서 시작
하여 점차적으로 운동 부하를 늘려나가는 것이 좋다.

(3) 지속적 반복성의 원리

운동은 지속적으로, 그리고 규칙적으로 반복 시행함으로써 그 효
과를 얻을 수 있다. 간헐적·일시적 혹은 집중적인 운동은 충분한
효과를 기대할 수 없을 뿐만 아니라 때로는 운동상해 유발 등 역효

과를 초래할 수 있다.

(4) 개별성의 원리

개별성의 원리는 각 개인인 특수성을 고려하여 각자의 능력과 가능성에 맞는 운동을 부여하는 것을 의미한다. 이는 모든 사람이 여러 측면에서 개인차를 보인다는 기본적인 생각에 기초한 것이다. 따라서 운동의 시간, 강도, 빈도 그리고 유형을 선정할 때에는 각 개인의 체력수준이나 연령은 물론, 정신적 요인까지도 반드시 고려해야 한다. 다른 사람이 특정 운동 프로그램에 참여하여 큰 효과를 보았다고 그것을 그대로 따라 하는 것은 매우 위험한 결과를 초래할 수 있다는 점에 유의해야 한다.

(5) 특이성의 원리

운동을 통해서 건강을 개선하고자 할 때에는 심폐지구력, 유연성, 근력 및 근지구력, 체중관리 등 건강 관련 체력 요인 가운데 어떤 요인을 개선시켜야만 하는지를 결정하여, 문제점을 가지고 있는 요인의 능력을 향상시키기에 합당한 운동을 선택해야 한다. 심폐지구력이 나쁜 사람에게 근력을 향상시키는 웨이트 중심의 운동만을 시키게 한다든지, 근력 및 근지구력이 떨어져 있는 사람에게 심폐지구력 운동을 시키는 것은 시간과 노력에 비해서 운동의 효과가 적을 뿐만 아니라 운동상해를 일으키는 등의 부작용도 생길 수 있다. 그러므로 운동을 시작하기에 앞서 그 사람의 신체적인 특이성을 정확히 파악하여 문제점을 개선할 수 있도록 특이성의 원칙에 따라서 결정되어야 한다.

(6) 가역성의 원리

근력훈련으로 얻은 이점을 유지하기 위해서는 근육에 과부하를 계속 유지시켜 주어야 한다. 근력운동을 장기간 동안 중단한다면 지금까지 얻었던 근력을 손실하게 된다. 역이성과 함께 점진적으로 근육이 쇠퇴하는 근위축증을 경험하게 된다. 이러한 현상은 우리가 팔이나 다리에 부목 또는 깁스(cast)를 장기간 한 후 벗겨냈을 때 확연히 볼 수 있다.

(7) 순서의 원리

주요 근육 집단의 일반적인 운동 순서는 심장에서 먼 쪽부터 운동을 실시한다.

일반적인 연습은 소근육군을 훈련하기 전에 대근육군을 훈련한다. 소근육 훈련 전에 대근육 훈련을 먼저 실시하는 이유는 소근육을 먼저 운동하면 대근육이 운동할 때 소근육이 너무 지쳐 지원 역할을 수행하지 못하기 때문이다. 왜냐하면 적당한 회복 시간이 짧아 피로를 많이 느끼게 되기 때문이다. 또한 인체의 파워 존은 무릎 위에서 가슴 아래까지 대근육을 갖는 부위로서 힘을 발휘하는데 중요한 부분으로 전반적인 체력(스피드와 파워)을 향상시킨다 (Heyward, 1991; 정성태, 전태원, 1998).

6. 맞춤운동 찾기

1) 체력검사

① 근력: 근육이 부하에 대응하여 발휘할 수 있는 힘(악력, 배근력, 복근력, 각근력)

② 근지구력: 근력 발휘를 지속적으로 유지하는 능력(팔굽혀펴기, 윗몸일으키기, 턱걸이, 악력, 배근력)

③ 전신지구력: 호흡 순환계의 산소 공급 능력 및 근육의 산소 이용(1,000m, 1,200m, 12분 달리기, 하바드 스텝)

④ 유연성: 관절의 가동범위와 근육이나 관절 주변 조직(건, 인대 등) 신장능력에 의해 결정되는 체력요소로서 운동의 효율성 증진과 상해예방 등 중요(윗몸 앞으로 굽히기, 윗몸 뒤로 일으키기)

⑤ 비만도: 신체의 구성성분의 비율을 파악하는 검사

2) 검사항목

① 제자리멀리뛰기
② 윗몸일으키기
③ 앉아 윗몸 앞으로 굽히기
④ 1,200m 달리기
⑤ 체지방률

7. 운동을 통한 효과

운동할 때는 우리 몸의 모든 기관이 자극을 받는다. 근육, 심장, 폐, 혈액 등은 독자적인 방식으로 기능을 수행하며, 각각의 기능은 서로 긴밀하게 연결되어 있다. 운동하면 근육은 에너지를 필요로 하게 된다. 근육은 지방과 탄수화물을 연소시켜서 이 에너지를 충당하는데, 이때 산소의 도움이 절대적으로 필요하다. 지방과 탄수화물은 근육에서 조달되지만, 산소를 공급하는 일은 폐에서 담당한다. 따라서 운동하면 산소 섭취량이 증가하게 되는데 처음에는 이에 적응이 되지 않아 숨이 찬다. 그러나 시간이 지날수록 호흡, 순환계의 기능이 운동에 적응하게 되어 운동 시작 후 2~3분이 지나면 안정상태에 이르게 된다. 운동할 때 사람에 따라 잘 적응되기도 하고 계속 숨이 차기도 하는데 이것은 혈액의 산소운반 능력, 심장의 심박출량, 폐포 환기량 등에 관계된다. 폐는 운동 시에는 150리터의 공기를 순화시켜서 6리터의 산소를 얻을 수 있으나 휴식 시에는 겨우 6리터의 공기에서 0.2리터의 산소만을 추출해 낼 뿐이다.

운동 중에 일어난 이런 모든 작용들은 호르몬 분비에도 영향을 미친다. 당분을 조절하는 인슐린은 감소하고 심장의 수축과 혈압에 작용하는 아드레날린은 증가한다. 신체활동이 끝나면 심장의 리듬은 3분 안에 정상으로 되돌아온다. 그러나 체온은 몇 시간 동안 떨어지지 않는다. 우리 몸은 운동이 끝난 후에는 연료를 다시 비축하고, 경련이나 탈진을 일으킬 수 있는 노폐물을 배출해야 한다.

① 운동의 성인병 예방 효과

성인병의 대부분은 운동 부족에서 비롯된다. 특히 직장인들은 일에 쫓겨 따로 운동할 시간을 내기 어려운데, 전문의사들이 이런 사람에게 권하는 운동이 바로 '걷기'이다. 소득 수준이 높아진 뒤 현대인들은 출퇴근은 승용차로, 회사에서는 엘리베이터, 백화점에서는 에스컬레이터를 이용하느라 좀처럼 걸을 기회가 없다.

그러나 전문의들은 평소 걷기를 많이 할수록 더 건강해진다고 말한다. 최근의 한 조사에 의하면 주부는 하루에 2천 보, 사무직 직원은 하루 3천 보, 영업직 사원의 경우는 1만 3천 보 정도를 걷는다는 통계가 나왔다. 따라서 사무실에서 일하는 사람과 활동적인 사람을 비교했을 때 심장병을 비롯해 활동적이지 못하기 때문에 생기는 병으로 사망하는 비율이 4배에서 5배 정도 높다는 보고가 나왔다. 이뿐만 아니라 많이 걸으면 성인병의 원인인 비만을 줄일 수 있다.

② 운동과 장수와의 관계

노인에 있어서 운동의 중요성을 강조하기 위해서는 무엇보다도 운동이 수명에 미치는 영향부터 검토되어야 한다. 실험적으로, 운동을 시킨 쥐는 그렇지 않은 쥐에 비하여 평균 수명이 연장되는 효과를 보였다. 실제로 사람을 대상으로 한 실험에서도 체력증진이 사망률 감소에 중요한 역할을 하고 있음이 보고되고 있다.

17,000여 명의 하버드대 졸업생을 대상으로 한 연구결과에서 하루 3마일 정도 조깅이나 그에 준하는 중등도의 유산소운동은 건강증진과 수명연장 효과가 있음이 보고되었다. 그러나 지나친 운동량

을 갖는 경우는 오히려 사망률이 높아지고, 운동선수와 일반인 사이의 사망률의 차이가 없음이 밝혀짐에 따라 건강과 장수를 위하여 필요한 것은, 운동선수와 같은 최상의 체력을 유지하는 것이 아니라, 적절한 운동량에 의한 규칙적인 운동임이 강조되고 있다.

③ 운동과 당뇨병과의 관계

노화가 진행됨에 따라 포도당 이용률이 저하된다. 이러한 변화는 주로 말초조직의 인슐린 저항성이 연령 증가에 따라, 높아졌기 때문이다. 그러나 운동은 이러한 인슐린 저항성 증가를 막아주고 오히려 인슐린 감수성을 높여준다.

특히 비인슐린 의존성 당뇨병 환자의 경우 운동은 인슐린 저항성을 낮추는 데 크게 기여한다. 이러한 운동의 장기 효과는 칼로리 소모율을 높임으로써 복부비만의 예방이나 감소를 가져오며 단기적으로는 인슐린 분비를 저하시키고 근육조직에서의 인슐린 작용에 대한 감수도를 높여줌으로써 근육조직 내 포도당 이용률을 높인다. 따라서 운동은 노화가 증가됨에 따라 초래되는 당뇨병의 예방 및 치료에 유효하다.

④ 스트레스와 운동의 효과

스트레스 해소를 위한 운동의 직접적인 효과는 우선 일상생활 환경에서 벗어나 다른 환경에서 신체활동을 하는 데 있다. 즉 신체활동을 통해 에너지를 발산시킴으로써 인간의 기본적 욕구인 활동요구를 채울 수 있으며, 또한 심신의 정화(카타르시스)를 경험할 수 있다.

⑤ 우울증 극복을 위한 운동

우울증은 두뇌 내 심층구조에서 발달되는 아민 대사물질의 결핍에서 비롯되며 운동은 이러한 대사물질의 상승을 초래하여 긍정적인 감정상태를 유도하게 된다. 규칙적인 운동 습관을 가진 사람이 그렇지 않은 사람보다 우울증 감소 폭이 크게 나타난다. 운동으로 인한 효과는 의료적 재활 치료나 심리치료를 받는 환자들 그리고 감수성이 예민한 시기에 우울증을 겪고 있는 청소년 학생들에게 가장 효과적인 치료법이라고 할 수 있다.

우울증 감소를 위해 실시하는 운동의 장소로는 환자의 질병 특성상 집에서 운동하는 것이 훨씬 더 심리적인 편안함을 주어 운동효과가 큰 것으로 나타나 고급스러운 운동장소에서 실시하면 효과가 있을 것으로 잘못 인식하고 있는 사람들에게 좋은 참고가 될 것으로 생각된다. 우울증 환자들에게 지속적으로 운동을 실시하면 일시적인 우울증뿐만 아니라 성격 특성적인 우울증 치료에도 효과적인 처방이 될 수 있다.

⑥ 운동과 질병

일상생활에서 요구되는 체력의 수준과 개인이 갖는 신체활동의 최대 능력 사이에는 차이가 있다. 이 차이는 운동 부족에 의해 체력이 저하되거나 이에 따른 인체의 생리적 기능이 약해지는 것을 스스로가 느껴 일상생활에서 쉽게 피로를 느끼거나 의욕이 떨어지는 등, 초기에 자각하지 못해서 점점 더 악화되는 경우가 많다.

일상생활을 하는 데에는 최대 능력의 약 40% 수준만으로도 활동이 가능하다. 평상시에는 자신의 체력수준이 낮다는 것을 잘 알지 못하지만, 스포츠 활동을 하거나 어떤 격렬한 활동을 했을 때 자신의 체력수준 상태가 낮음을 스스로 느끼게 되고 그것이 증상으로 나타나게 되는 것이다. 그러나 본인이 체력이 떨어졌음을 자각했을 때에는 이미 진행된 상태라고 할 수 있다. 떨어진 체력을 다시 회복시키는 일은 힘든 과정을 거치게 되고, 쉽게 회복되지 않으며 충분한 영양의 섭취와 휴식, 적당한 운동을 해야 한다. 그리고 잘못된 생활 습관을 고쳐야 더욱 효과적으로 떨어진 체력을 회복할 수 있을 것이다.

8. 심혈관계 운동의 효과

순환기	심장의 산소 요구량 감소 안정 상태 혈압 감소 혈소판 유착 감소 및 섬유소 분해 증가
호흡기	최대 환기량 증가 - 운동을 통해 폐활량 증가 운동 호흡수 감소 - 숨이 차는 것이 줄어듦 폐확산능 증가 - 폐 속으로 들어온 산소를 혈액으로 이동시키는 능력 향상
골격근	미오글로빈 농도 증가 미토콘드리아 수/크기 증가 지방산 산화 증가
대사기능	체지방량 및 체중 감소 혈중 저밀도 지단백 감소, 고밀도 지단백 증가 중성지방 감소 뼈의 칼슘 침착 증가 인슐린 수용체 감응성 증가 - 당뇨병에 도움
정신적 효과	불안 및 우울 감소, 자긍심 향상

제 2 장

생활 건강 3요소:

운동, 영양, 휴식

중점학습내용: 1. 운동의 가치 2. 영양소의 종류와 기능 3. 건강관리 10대 수칙

Key word: 건강, 운동, 영양, 휴식

1. 운동

운동은 건강 증진 및 개선을 위해 중요한 요소이지만, 운동 부족 및 신체활동 부족이 전 세계인의 사망 원인 4위로 보고되면서 관심이 재조명되고 있다. 우리나라에서도 운동 부족은 성인 건강위험도에서 흡연(9.12%), 음주(8.58%) 그리고 과체중 및 비만(6.63%)에 이어 네 번째(3.75%)로 높게 나타났다.

운동 부족은 담배 1갑의 흡연과 유사할 정도로 매우 해롭지만, 적정 수준 이상의 규칙적인 운동은 만성적 질환이 있는 사람, 장애가 있는 사람, 모든 연령에 있는 사람들의 건강과 삶의 질에 긍정적 영향을 미치며, 중요한 건강증진 요소로 볼 수 있으므로 규칙적인 운동이 필요하다.

1) 운동의 가치

운동에는 무산소운동과 유산소운동이 있다. 무산소운동은 인체 근육이 무산소 에너지 대사 상태에서 하는 운동을 말한다. 그러나 일상에서 우리가 생각하는 무산소운동은 근육이 '산소 부족' 상태에서 빠르고 격렬한 운동을 말하며, 이때 근육에서는 젖산이 생성된다.

무산소운동은 대부분 부하 강도가 높고 순간성이 강한 운동이다. 유산소운동은 유산소 대사로 운동에 필요한 에너지를 제공하는 운동방식을 가리킨다. 운동이나 트레이닝에 있어서 회복이 중요한 부분을 차지하는데 회복이란 운동 후 신체 변화를 운동 전 상태로 환원하는 것을 말하며, 신체는 항상성의 기능을 가지고 있기 때문에 운동 후 인위적인 방법을 동원하지 않아도 자율적인 회복이 이루어진다.

유산소운동과 무산소운동을 병행하여 진행했을 때 건강하고 예쁜 몸을 만들거나 유지할 수 있기 때문에 이 두 운동을 병행하여 시행하는 것이 바람직하다.

2) 건강 유지법

건강을 유지하기 위해서는 무엇보다도 음식을 골고루 섭취하는 게 중요하다. 영양소별로 빠트리지 않고 먹어야 건강을 유지할 수 있다. 꾸준한 운동 또한 중요하다. 운동은 아침 공복에 하거나 잠들기 3시간 전에 하는 것이 좋다고 한다. 간단한 걷기나 줄넘기 같은 유산소운동을 해주는 것이 이득이 된다. 규칙적인 생활 습관을 만들어서 활동하는 것도 좋다.

TV나 컴퓨터를 할 때에는 자세를 바르게 하여야 나중에 균형 잡힌 몸매를 만들 수 있다. 청결하게 하는 것도 중요하다. 몸을 청결히 하지 않으면 면역력이 약해져 쉽게 질병에 걸리고 말 것이다.

과일이나 채소는 몸에 득이 되는 식품이므로 하루에 일정량씩 꼬박 꼬박 먹어주는 것이 좋다. 인스턴트음식은 피해야 한다. 이는 열량도 높을 뿐만 아니라 몸에 해로운 것들을 가지고 있다. 마지막으로 무엇보다 자신이 건강하다는 마음가짐이 중요하다. 된다 된다 생각하면 진짜 되는 것처럼 자신도 건강하다고 생각해야 진짜 건강한 사람이 될 수 있다.

2. 영양

1) 영양소

영양은 보통 섭취, 소화, 흡수, 대사작용을 포함하며 살아가는 기간을 통해 이루어지는 음식의 섭취와 이용에 대한 모든 과정을 요약한 것으로 정의된다.

영양소들은 세 가지의 주요 기능을 수행한다.
첫째, 영양소들은 인체 대사활동을 위해 에너지를 제공한다.
둘째, 영양소들은 신체 조직을 재구성하고 발육성장을 촉진하는 데 이용된다.
셋째, 영양소는 규칙적인 대사활동이나 인체의 여러 과정을 돕는다.

2) 영양소의 종류

(1) 탄수화물

탄수화물은 섭취하는 에너지 중에서 적어도 50%는 차지해야 하며, 뇌기능을 촉진하는 데 필요하다.

탄수화물은 당류(sugars)이며, 그중에서 전분(starches)은 곡류나 그 제품(빵, 밥, 국수류 등), 과일류, 채소류, 우유나 우유 제품, 그리고 여러 번 과정을 거친 음식물이나 음료를 섭취함으로써 얻을 수 있다.

(2) 단백질

단백질은 체조직의 구성에 중요하며, 성장과 손상받은 세포를 회복시키는 데 필요하다.

탄수화물은 소화에 필요하며, 감염에 대한 항체를 만드는 데 도움을 준다.

단백질은 주로 육류, 우유 및 그 제품, 생선, 난류, 종실류 등에서 얻는다. 에너지 섭취 중에서 약 10~15%는 단백질에서 얻어야 한다.

(3) 지방

지방은 주로 음식물에서 섭취하고 체조직 형성을 도우며, 지용성 비타민 A, D, E, K를 포함한다.

포화지방은 붉은 육류, 난류, 우유 및 그 제품에서 얻으며, 불포화지방은 종실류와 식물성 기름에서 얻는다. 지방은 식이에 매우 중요하며, 에너지 섭취의 30~35% 정도를 추천하고 있다.

(4) 무기질

무기질은 칼로리원은 아니지만 생물체의 구성성분으로서 매우 중요하다. 무기질은 약 100여 종의 금속 및 비금속 원소로 되어 있으며, 대부분 무기염 형태로 식품 중에 존재하지만 단백질, 혈색소, 효소, 엽록소 등의 유기물 속에 들어 있는 무기질도 있다.

(5) 비타민

비타민이란 미량으로 동물의 영양을 지배하는 유기물질을 말하며, 이것이 결핍되면 성장이 정지하고 각 비타민 특유의 결핍증상을 나타낸다.

비타민은 물에 녹는 수용성비타민(B, C)과 기름에 녹는 지용성비타민(A, D, E, K)이 있다.

(6) 물

물은 체중의 62~70%를 차지하는 인체의 성분으로 인체에서 지방질을 제외한 부분을 계산하면 물의 함량이 유아는 75%, 성인은 65%이다.

그중 40%는 세포 안에 있고, 20%는 조직 사이에 있으며, 5%가 혈액 속에 있다. 성인의 함수량 중 10%를 잃어버리면 건강이 위험하고 20%를 잃어버리면 죽음을 초래한다.

3) 영양소의 기능

(1) 탄수화물

① 1g당 4kcal 열량

② 포도당으로 변화 흡수 → 간장에서 글리코겐으로 저장 → 혈액에 의해 근육조직으로 운반되어 에너지원 활용

③ 에너지 공급원

(2) 단백질

① 1g당 4kcal 열량

② 물질대사를 움직이는 효소와 호르몬 생성

③ 화합물 재료

④ 헤모글로빈 산소운반 체계

⑤ 수용성 지단백으로서 지질 운반

(3) 지방

① 1g당 9kcal 열량

② 장기보호 기능

③ 체온유지 절연 역할

④ 성장촉진, 습진방지 기능

⑤ 에너지 섭취가 부족할 때 바로 쓰임

(4) 무기질

① 완충작용

② 생리적인 ph 조절

(5) 비타민

① 비타민 B1: 탄수화물, 지방, 아미노산 대사에 중요한 역할

② 비타민 B2: 산화 환원

③ 비타민 C: 콜라겐 생성, Fe 흡수 촉진

④ 비타민 D: Ca와 P의 장내 흡수 촉진

⑤ 비타민 K: 부족하면 혈액응고 작용 저하

(6) 물

① 삼투압의 평형 유지

② 몸 안의 체내에서 생긴 노폐물을 요로 배설

③ 체열 발산

④ 체온조절

4) 에너지 필요량

가벼운 활동을 하는 사람은 1,500~2,500kcal/1일 에너지 필요

중등도 이상의 활동을 하는 사람은 2,500~3,000kcal/1일 에너지 필요

건강한 식이요법을 위한 영양소 섭취비율: 탄수화물 55%, 지방 30~35%, 단백질 10~15%

5) 영양 섭취

(1) 운동 전의 영양

운동 전에는 에너지로 사용되는 글리코겐(Glycogen)을 얻을 수 있는 식사가 필요하다. 이러한 글리코겐은 탄수화물로부터 얻을 수 있다.

운동 전의 영양 섭취는 소화하기 쉽고, 운동 중의 혈당을 유지할 수 있는 것이 좋다.

운동 전에 섭취하기 좋은 식품으로는 감자, 고구마, 사과, 오렌지, 스포츠 음료 등이 있다.

(2) 운동 중의 영양

운동 중에는 교감신경의 긴장과 정신적인 긴장으로 위장운동이 억제되며 소화액의 분비도 저하된다. 따라서 운동 중에는 많은 양의 수분을 섭취하는 것이 운동 중의 땀 분비를 원활하게 도와주며, 운동 시의 긴장을 지속시켜 준다.

소량의 꿀, 주스 등을 물과 함께 섭취하거나 미네랄워터도 좋다.

(3) 운동 후의 영양

운동으로 인해 체내의 수분감소와 영양소의 손실이 있으므로 우리 몸은 회복을 갈구하게 된다. 이를 보충해 주기 위한 영양 섭취가 필요하며 빠른 시간 내에 피로를 회복할 수 있어야 한다. 따라서 운동 직후에는 소화흡수가 쉬운 액상 상태의 주스, 꿀물 등을 섭취하여야 한다.

6) 영양소 필요량

(1) 에너지

운동선수들의 에너지 필요량은 매우 넓은 범위로 개인의 체격, 경기종류, 운동량, 훈련의 형태 등에 따라 차이 큼
⇒ 적게는 1,700kcal/day이며, 장시간 지구력 경기는 4,000kcal/day 이상이 추가로 필요함

(2) 단백질

운동경기는 단백질 필요량을 증가시키나 많은 양의 단백질 추가 섭취는 필요하지 않음

(3) 비타민과 무기질

적절한 비타민의 섭취는 최적의 건강과 운동수행을 위해 필수적인 영양소임

운동선수들의 비타민과 무기질 요구량은 일반인들과 거의 같거나 약간 증가

운동을 심하게 하는 여성이나 청소년, 채식주의자, 장거리달리기 선수의 경우 철분 부족에 의한 운동성 빈혈에 대해 주의를 요함. 철분 보충제는 경기능력을 매우 향상시킬 수 있으나, 무분별한 보충은 좋지 않음

(4) 수분과 전해질

수분은 운동선수의 훈련과 경기에서 중요한 영양소

근육은 땀을 통해 발산하고자 하므로 운동 중에 수분이 많이 소실됨(땀 1L는 600kcal의 열에너지를 소실시킴)

운동을 심하게 할 경우 땀과 증가된 호흡으로 인한 수분 소실이 크므로 수분이 보충되지 않으면 운동능력이 급격히 감소됨

(5) 영양소를 이용한 운동 전·후 효과

100m 달리기를 할 경우 인원질 과정의 에너지 대사가 이용되지만, 웨이트 운동을 할 때는 탄수화물 대사과정이 주로 이용되고, 그 후로 지방과 단백질이 이용된다.

탁구는 심폐기능과 순발력이 좋아진다. 그것 외엔 30분 이상 지속적으로 운동을 해주면, 탄수화물과 지방질을 주로 사용한다.

탄수화물은 운동 직전에 섭취하게 되면 운동 후반부에 포도당 보충으로 운동 지속 시간이 늘어나게 된다. 그리고 운동 중간중간에 탄수화물을 섭취하는 것도 장시간 운동할 때 많은 도움이 된다. 결국에는 탄수화물을 어떻게 공급하느냐에 따라, 운동 능률이 올라가게 되는 것이다.

운동 후에는 근육에 저장된 글리코겐은 거의 고갈되고, 힘들게 운동한 근육은 많이 지쳐 있는 상태이다. 이럴 때 당류 탄수화물 식품인 바나나, 카스텔라, 포도주스 등을 섭취하면 피로를 회복할 수 있다.

3. 휴식

하던 일을 멈추고 잠깐 쉬는 의미로서 진정한 휴식은, 돈을 사용하여 쉬는 것이 아닌 자기 자신의 태도 및 행동이 휴식할 준비가 되어 있는 것을 의미한다.

육체적 휴식은 운동 후에 휴식할 때 회복기 과정에서 젖산 및 피로유발물질의 신속한 회복으로 운동 중에 체내의 피로유발물질 축적으로 초래되는 운동능력의 저하 방지는 물론, 새로운 운동부하를 지속할 수 있다.

정신적 휴식은 인간이 삶을 살아가는 데 있어서 휴식이 없는 삶을 살게 되면 번아웃 상태가 오는데, 번아웃은 이직과 결근율의 증가, 생산성의 저하를 유발함으로써 전반적으로 성과에 부정적인 영향을 미친다(논문). 이러한 사태를 막기 위해서는 적절한 휴식이 필요하다.

1) 휴식을 위한 건강관리 10대 수칙

(1) 적당한 운동을 하라

규칙적인 운동을 하는 사람은 관상동맥질환, 비만, 당뇨병, 중풍 등의 위험이 운동을 하지 않는 사람보다 걸릴 확률이 낮다고 보고되고 있다. 운동 강도는 성인의 경우 최대심박수(220-자신의 연령)의 70% 정도를 유지시키고 1주일에 5일 정도 30분 이상 땀이 적당히 날 정도가 좋다고 한다. 만일 이렇게 운동하는 것이 힘든 사람은 될 수 있으면 자가용은 피하고 대중교통을 이용하여 걷는 것을 생활화하고 5층 정도까지의 계단은 걸어 다니는 것도 좋은 운동이 될 것이다.

(2) 금연하라

흡연은 수많은 종류의 암, 심장병, 폐질환의 원인이다. WHO에서도 '건강을 증진시키는 가장 중요한 행동은 금연'이라 규정하고 있다. 흡연으로 인한 나쁜 결과는 20~30년 후에까지 나타난다. 금연하기까지 많은 힘이 드는데 스스로 금연을 결행하기 힘들다면 병원의 금연클리닉을 찾거나 금연 단체에 도움을 요청하는 것이 좋은 방법이다.

(3) 자신의 신체에 맞는 체중을 유지하라

비만은 고혈압, 당뇨, 심장병, 뇌졸중 등 각종 성인병의 원인이다. 정상체중이라 하더라도 허리둘레가 남자 90cm, 여자 80cm 이상이면 성인병에 걸릴 위험성이 높아진다. 몸속에 지방이 많을수록 노화가 빨리 온다는 것을 명심해야 한다.

(4) 정기적으로 건강검진을 받아라

건강검진의 목적은 질환을 조기에 발견하여 조기 치료를 통해 병이 더 이상 진행되지 않고 예방하고 건강을 유지하는 데 있다. 만성질환의 경우 조기에 발견하여 치료하면 합병증을 예방할 수 있고 자기의 건강 정도를 알아 무절제한 생활을 예방할 수 있다.

(5) 청결하고 절제된 생활을 유지하라

청결하면 많은 병을 예방할 수 있다. 먼저 감기는 손과 발을 자주 씻고 양치질을 자주 하는 것만으로도 예방효과가 뛰어나다. 성병이나 AIDS(후천성 면역 결핍증) 등은 건전한 성생활 외에는 예방 방법이 없다.

(6) 긍정적이고 낙천적인 태도를 가져라

긍정적 사고는 정신건강에 중요한 영향을 끼친다. 현대사회의 이기적이고 각박하고 경쟁이 심한 상태에서 더욱더 필요한 사고방식이다. 해가 갈수록 자살률이 높아지고 있는데 긍정적인 마음가짐이 자살의 예방에 중요하다.

(7) 스트레스를 줄여라

스트레스는 고혈압, 당뇨, 우울증, 암 등의 건강 유해인자이다. 특히 스트레스를 잘 받는 사람은 책임감이 강하든지, 융통성이 없는 사람, 남에게 지기 싫어하는 사람들이다. 강박관념을 버리고 융통성 있게 생활하는 자세가 필요하다.

(8) 비타민을 충분히 섭취하라

비타민은 우리가 먹는 음식으로도 보충이 되지만 모자라는 경우가 많아 따로 섭취해야 되는 경우가 많다. 피로회복을 위해 비타민 B, C를 복용하고 면역력이나 노화 방지를 위해 비타민 A, C, E 등을 섭취한다.

(9) 물을 많이 마셔라

현대인은 물을 마실 기회가 적다. 커피나 카페인 음료, 술 등을 많이 마시기 때문에 신선한 물을 먹을 기회가 적다. 물은 소화와 배설, 신진대사를 돕고 유해물질을 희석시켜 방광암 등 비뇨기계 암의 예방에 좋다.

(10) 치아의 건강에 신경 쓰자

삶의 질에 중요한 영향을 끼치는 치아의 충치예방을 위해 불소가 포함된 치약을 쓰고 자기 전에 반드시 양치질을 하도록 한다. 좋은 건강습관을 들여놓으면 훌륭한 건강자산이 된다고 전문가들은 강조한다.

2) 휴식과 건강 식습관

(1) 빵 말고 밥 먹자

빈속이 되면 혈당치가 떨어져 아드레날린이라는 호르몬이 분비되는데 바로 이 아드레날린 작용으로 인하여 배고프면 불안하고, 집중력이 떨어지며, 상대방의 대수롭지 않은 말과 행동에 울컥하는 등의 반응을 보이게 된다. 그러면 초콜릿이나 빵을 먹어도 되겠다고 생각하지만 당분은 단순히 단맛을 의미하는 것이 아니다. 밥, 빵, 국수류도 당분, 그중 의사들이 추천하는 것은 단연 밥이다. 쌀이나 잡곡으로 만든 과자 정도까지는 괜찮다. 빵 또는 국수류의 경우 혈당치를 급격하게 상승시켰다 다시 급격하게 떨어뜨리는 반면 밥은 천천히 혈당치를 올리고 그 상태에서 안정을 유지한다.

(2) 건강 보조제는 단지 보조 수단일 뿐

지금 내가, 우리 가족이 먹고 있는 건강 보조제가 진짜로 효능이 있는 것인지는 어느 정도 지속적으로 복용하여 스스로 판단하는 수밖에 없다. 주의할 점은 건강 보조제를 먹고 있다는 안도감에 매일 먹는 밥에 소홀해서는 안 된다는 것이다. 건강 보조제를 입 안 가득 털어 넣고 컵라면 따위로 끼니를 때우는 것은 병을 부르는 행위. 건강 보조제는 절대로 약이 아니며, 밥이 될 수도 없다.

(3) 몸을 깨끗하게 하는 된장국을 먹자

된장은 몸속의 여러 가지 독소를 제거하는 기능이 탁월하다. 또한 몸을 따뜻하게 해서 추운 겨울에 더욱 절실한데 소화가 잘되므로 남녀노소 부담 없이 즐길 수 있다. 한편 된장국에는 대개 감자, 호박, 버섯 등을 함께 썰어 넣는다. 따라서 이러한 채소의 영양을 섭취하기에도 유용한 요리이다.

(4) 반찬에 대한 편식은 금물

특정 음식만 찾는다면, 또 계속 같은 유형의 맛을 즐긴다면 신체의 균형이 깨져 건강상의 문제가 생길 수 있다. 단맛, 매운맛, 신맛, 짠맛, 쓴맛의 5가지 맛의 조화를 끊임없이 염두에 두어야 한다.

(5) 똑똑한 오일과 향신료 선택

기름이라고 다 같은 기름이 아니다. 요리 전엔 몸에 좀 더 좋은 오일, 가령 올리브오일이나 해바라기씨유 같은 것을 고르고 소금이나 설탕 통을 집는 대신 허브와 향신료로 맛을 낸다.

(6) 물을 자주 마시기

'배고프다'라는 느낌은 갈증의 첫 번째 신호이다. 대부분의 사람들은 '배고픔'으로 오해하고 있다. 모든 세포는 효율적으로 기능하기 위해 수분을 필요로 한다. 틈틈이 물을 마셔 하루에 2L의 물을 섭취한다.

(7) 장운동을 돕는 현미, 현미밥

현미는 까칠까칠하니 퍽퍽하고 맛이 덜하다. 또 속이 더부룩해지기도 한다. 그래서 현미밥을 먹기 어렵다고 생각하는 사람이 많을 것이다. 그러나 현미밥은 매일 먹지 않아도 된다. 일주일에 2, 3번이면 충분하다. 정기적으로 먹기만 한다면 현미 껍질이 자극을 주어 제 기능을 하지 못하는 장의 운동을 돕는 효과를 볼 수 있다.

(8) 밥은 꾸준히 먹는 것이 중요

피로하거나, 머리가 아프거나, 소화가 안 되거나 하는 컨디션 저하의 느낌들은 '밥만 잘 먹는 것'으로 대개의 증상을 해소할 수 있다. 밥에는 그만한 힘이 있다. 일단 언제든 집에 밥이 있어야 한다. 그래야 집에서 식사하자는 생각을 하게 되고 그것을 통해 밥을 먹는 습관이 붙고, 경제적으로도 절약이 된다.

음주와 건강

올바른 생활양식이 건강에 유익하다는 사실은 누구나 공감하지만 아직도 우리 주변에는 건강에 해를 끼치는 습관과 행동들이 산재되어 있다. 그중에서도 가장 대표적인 것이 지나친 음주이다. 술은 적당히 마시면 약이 될 수도 있고, 안정제 역할과 혈압을 내려주는 효과가 있으며, 또한 식욕과 위액 분비의 효능이 있다.

그리고 자리나 분위기에 따라 술을 적당히 마시면 사회원들과의 인간관계를 원활히 하는 촉매의 역할을 하기도 한다. 그러나 정도를 넘어서 술을 마시거나 자제를 못 하면 여러 가지 질병을 일으키며 심지어는 사망에까지 이르게 되는 것은 물론이고, 여러 가지 사회문제를 일으켜 대인관계나 가정생활을 엉망으로 만들어준다.

1. 알코올의 특성

알코올은 크게 에틸알코올과 메틸알코올 두 종류로 나눌 수 있다.

에틸알코올은 무색의 투명한 휘발성 액체로서 우리 몸에서 가장 예민한 세포들로 구성된 뇌와 척추의 중추신경계에 악영향을 미친다. 알코올은 중추신경계의 기능을 억제하며 이성적인 판단과 공간적인 지각 판단, 신체의 이동 등과 같은 뇌의 기능을 떨어뜨리게 하는 화학적 특성을 가지고 있다.

알코올은 주로 신체적·정신적인 면에서 인간생활에 약간의 도움은 주지만 알코올의 독성은 신체적인 피해로부터 정신적인 파괴에 이르기까지 폭넓고 다양하게 작용한다.

2. 술의 효능

1) 술의 생리적 효능

알코올은 중추신경을 억제하는 역할을 함으로써 이성적인 판단과 공간적인 지각 판단, 신체의 이동과 같은 뇌의 기능을 떨어뜨리게 한다. 그리고 심하게 알코올을 섭취하게 되면 경련, 기억상실, 무의식, 구토, 구역질, 탈수현상, 식욕감퇴, 변비, 호흡곤란, 충혈된 눈, 뇌세포의 파괴 또는 손상, 신경의 손상, 영양부족, 전율, 정신착란, 불안, 수면곤란, 건망증, 췌장염, 위염, 간경변, 심장병, 식도암, 간암, 위암 또는 죽음까지 몰고 간다.

술을 마시면 체내에 들어간 알코올탈수효소에 의해 아세트알데히드라는 물질로 변하고 이것이 다시 알코올분해효소의 작용으로 초산이 되었다가 최종적으로 물과 탄산가스로 분해된다.

알코올은 위, 작은창자에서 흡수되어 혈액으로 들어가 간, 심장을 거쳐 전신에 흡수된다. 이때 알코올의 약 20%는 위에서 흡수되고 나머지 80%는 혈액을 따라 뇌와 장기에 퍼져 흡수된다. 흡수된 알코올은 특히 신경 계통에 강하게 작용한다. 일단 혈액 내에 흡수된 술은 체액 속에서 분해되며 산화되거나 파괴되어 배설되는데 섭취한 총 술의 10%는 신장과 폐에서 변화되지 않은 채로 배설되며 나머지는 산화된다. 이때 위 속에 음식물이 없으면 알코올의 흡수도 늦어지고 오래 위에 남는다.

2) 술의 영양학적 효능

술을 영양학적으로 보면 알코올은 위나 장에서 흡수되어 체내에서 연소하는 칼로리원이 된다.

알코올은 1g당 청주 1홉, 위스키 1잔의 칼로리는 180칼로리로 대충 쌀밥 1공기의 칼로리와 비슷하므로 술을 너무 많이 마시면 살이 찌게 된다. 또한 적당한 술을 마시면 위산 분비를 증가시키고 위의 운동을 촉진시키기 때문에 식전에 마신 술은 의욕을 돋울 수 있고 식후로 마실 때는 일종의 소화제가 될 수 있다.

3) 술의 사회적 효능

현대사회에서 음주로 인해 여러 가지 문제를 야기시킨다. 이러한 문제로는 교통사고 범죄, 자살 등을 들 수 있다. 음주하게 되면 일반적으로 판단력에 문제가 생긴다. 이러한 판단력의 장애, 반응시간의 지연, 반응의 부적합으로 인해 차량사고의 위험이 많이 발생하고 있다. 실제로 음주 운전 중 사고로 사망한 자의 대부분은 혈중 알코올 농도가 0.1% 이상으로 나타나 있다.

3. 혈액 내의 알코올 농도

혈액 내의 알코올 농도에 따라 신체의 기능이 좌우되지만 체질에 따라 다소 차이는 있다. 평생 동안 소비한 알코올, 음주빈도, 알코올에 대한 내성 등에 따라 술의 양은 달라진다. 혈액의 알코올 농도에 따라 사람의 행동은 달라진다.

혈중 알코올 농도가 0.01%일 때 머리가 맑은 것처럼 느껴지고 순간적으로 기분이 좋게 느껴지며 진정이 된다. 0.02%일 때 기분이 좋아지고 말이 뜻한 대로 잘 나온다. 얼굴이 붉게 상기되고 맥박의 진동이 빠르고, 약간 어질어질한 듯하게 느껴진다.

0.03%일 때 세상의 일이 자기 손안에 있는 것처럼 느껴지며 근심과 걱정이 사라진다. 이런 상태는 술의 진정작용이 판단과 기억을 무디게 하기 때문이다.

혈중 알코올 농도가 0.05%가 되면 큰 소리로 떠들게 되고 신체의 상태가 균형을 잃게 되며, 일반적으로 반응시간이 지연된다. 이 상태를 법적으로 술에 취한 상태라 하여 운전 시 음주측정에서 걸리게 된다.

0.1%일 때는 신체조절이 어려워 갈지자로 걷고, 혼자서 중얼거리기도 하고, 졸음이 오기도 한다.

0.2%일 때는 혼자 걷기가 어려워 부축해야 하며 감각이 둔화되고 판단력의 장애가 오며 화를 쉽게 낸다.

0.3%가 되면 혼수상태에 빠져 얼굴이 창백해지고, 자기에게 무슨 말을 하는지도 모르고, 수면에 빠지고 토하기도 한다.

0.4%가 되면 감각마비와 호흡마비가 오기도 하며 환각상태에 빠

져 의식이 전혀 없어 사망까지도 한다.

BAC	생리적 변화
0.05%	긴장된 감정의 표출, 판단, 비평적 사고기능 다소 손상
0.1%	운동통합력 상실, 수의적 운동기능 다소 둔화
0.2%	시끄럽고 거칠며 비틀거림 (주정꾼의 특징 나타남)
0.3%	우울, 바보스러운 행동 야기 외부자극을 완전히 이해할 수 없을 만큼 혼란스러워짐
0.4~0.5%	무의식 유발, 체온, 심장박동, 호흡조절의 뇌중추기능 마비 (생존 가능성 희박)

4. 알코올중독

알코올중독이란 전통적인 음주 습관의 범위를 넘어 음주하는 것을 말한다. 전날 밤 술에 많이 취해 고생해서 다시는 술을 마시지 않겠다고 해도 또다시 술을 마시고, 주벽이 심해서 심신을 지치게 하고 음주 다음 날 계속적인 지각이나 결근을 하거나 혹은 아주 중요한 약속을 잊어버려 사회생활에서 신용을 잃게 되면 완전한 알코올중독자라고 할 수 있다.

술을 습관적으로 계속 마시게 되면 신체적·정신적·사회적 기능을 잘 할 수 없으며 알코올 없이는 지낼 수 없는 상태가 된다. 알코올중독이 되면 손이 떨리고 정신력이 둔화되며, 정신분열, 간질 등의 정신 장애를 일으키기도 하며, 또한 의욕을 잃게 되고 도덕성을 상실하는 등 육체적·정신적으로 폐인이 된다.

5. 술로 인한 질병

1) 위장질환

습관적으로 계속되는 음주는 위에 손상을 준다. 알코올은 식도 자체의 운동을 억제할 뿐 아니라 식도와 위 사이를 막고 있는 괄약근을 약화시킨다. 그로 인하여 위산이 식도록 역류하게 되어 식도에 염증을 초래하게 된다. 그렇지만 무엇보다도 쉽게 일어나는 손상은 위의 손상이라고 할 수 있다. 정상적인 위는 위산이 소화액으로 분비된다.

술을 마시거나 알코올이 제일 먼저 위로 들어가기 때문에 갑자기 과음하거나 계속 술을 마시면 위장 장애를 가져오게 된다. 위장병은 술을 많이 마셨을 때 흔히 일어나는 가장 흔한 병이다. 그중에서 알코올성 위염이 가장 많다. 아침에 일어나면 속이 쓰리거나 구역질이 나고, 헛배가 부르고 트림이 생기는 증상이 있다.

2) 간질환

간은 알코올을 분해하여 해독하는 능력을 가지고 있다. 간은 알코올이 우리 몸에 있는 한 다른 일은 중단하고 우선 알코올 분해만을 계속하게 된다. 간이 한 시간에 분해할 수 있는 알코올의 양은 평균 5~8g이다. 이 한도를 넘으면 알코올이 몸 안에 자꾸 쌓여 미처 처리되지 못한 알코올은 과산화물을 생성시켜 간을 손상시킨다. 매일 많은 양의 술을 마시는 사람은 전날 마신 알코올을 처리해야 하므로 간장은 쉴새 없이 일을 하고 손상을 입게 된다. 손상을 입은 간은 지방대사를 위한 담즙 분비나, 해독작용, 영양소 저장 등의 기능이 저하된다.

　지방간은 알코올성 간질환 중 가장 가벼운 증상으로서 매일 20~40ml 정도의 알코올을 수일간 마시기만 해도 지방간의 증상이 나타날 수 있다. 만성적으로 술을 계속 마시는 경우에 자신의 몸이 이상을 느끼지 않더라도 과반수는 지방간이라는 통계가 있다. 알코올이 아세트알데히드가 되거나 초산이 되는 과정에서 알코올의 산화처리에 필수적인 소위 윤활유 또는 반응촉진제인 조효소 NAD가 다량으로 필요하다.

　알코올성 간염이 악화되면 간경화증이 온다. 이 병은 부드럽고 비대한 지방간의 간장과는 달리 간이 딱딱하게 굳어 간기능을 돌이킬 수 없게 하는 병이다. 일단 이 병에 걸리면 반수 이상의 사람이 5년 이내에 생명을 잃는다. 그리고 술을 마시면서 영양소 섭취를 제대로 하지 않고 과로하는 사람에게서 자주 발생하는 간암은 간경화증보다 치료가 힘든 병이다.

3) 췌장염, 위염과 당뇨병

　췌장은 음식물을 소화하는 데 필요한 효소를 생산하는 공장이다. 췌장에서 만들어진 효소들은 췌장 내에 저장되어 있다가 음식물이 들어오면 활성화되어 십이지장으로 분비된다. 많은 양의 알코올을 갑자기 마시거나 장기간 습관적으로 과음하게 되면 췌장의 분비 기능을 쓸데없이 자극하는 결과를 가져온다.

　술을 많이 마시면 급성 또는 만성 위염이나, 급성 췌장염, 췌장암 등을 유발한다. 췌장은 단백질이나 지방을 소화하는 작용과 혈당을 조절하는 인슐린을 생산하는 중요한 장기이다. 췌장염에는 격렬한 복통, 발열, 구토를 일으키는 급성 췌장염과 비교적 증상이 나타나지 않는 만성 췌장염이 있다.

만성 췌장염 진단을 받은 사람들의 50% 이상이 알코올 때문인 것으로 나타났다. 또한 알코올 농도가 30% 이상이 되는 독한 술은 위점막을 자극하여 위염과 위궤양을 일으키기 쉽고, 알코올은 인슐린을 생산하는 췌장을 직접 상하게 하여 술을 많이 마시면 당뇨병에도 나쁜 영향을 끼친다.

4) 심장질환 및 고혈압

술을 마시면 심장이 두근거리고 얼굴이 붉어지는데 이것은 알코올이 심장과 현관에 직접적인 영향을 끼치는 것을 알 수 있다. 술을 많이 그리고 급히 마시고 급성 심부전증으로 죽는 일이 많이 있다. 그리고 음주에 의한 알코올은 동맥경화증을 유발하기도 하고, 혈압을 높이기도 하고 때로는 내리기도 하기 때문에 특히 고혈압에 조심해야 한다.

심장은 탄력이 붙은 것처럼 강하게 수축해야 하기 때문에 높은 혈압에 의해서 심장이 울리게 된다. 술을 마시면 가슴이 두근두근하는 것은 이와 같은 상황 때문인 것이다.

습관적으로 계속되는 음주는 심근의 손상을 초래하여 심근의 힘을 떨어뜨릴 수 있기 때문에 펌프 기능을 충분히 수행할 수 없는 난치성 심부전증과 부정맥을 가져오기도 한다.

5) 당뇨병

알코올은 1g 섭취당 7kcal를 내는 고열량 식품으로서, 식욕증진
작용을 가지고 있어 과잉섭취 시 비만을 초래한다. 따라서 엄격한
식사 요법과 그에 의한 표준체중 유지가 치료의 근간이 되는 당뇨
병 환자에게 있어서 과음은 혈당 조절을 어렵게 만들 수 있으며,
혈중 중성지방을 상승시키므로 당뇨병에 합병되는 고지방 혈중, 지
방간, 만성 췌장염의 발병을 조장한다.

6) 암

우리 몸의 미네랄은 암과 밀접한 관계가 있다. 미네랄은 Se, Ca,
Mb, Fe, I 등이다. 이러한 미네랄이나 비타민은 발암물질과 암 발
생인자의 접촉을 막아주는 역할을 한다. 그러나 술을 많이 마시게
되면 알코올은 몸속의 미네랄을 몸 밖으로 배설시켜 버리기 때문에
암을 발생시킬 확률이 높다.

7) 성기능 장애

알코올은 성기능에 심각한 장애를 가져온다. 남성호르몬의 분비
도 줄어들어 불임의 여지도 있다. 따라서 습관적인 음주자들이 술
자리에서 자신의 정력을 자랑하는 것은 위기의식에서 나온 허장성
세라고 할 수 있다.

8) 산소결핍증

우리 몸은 뇌로 일정량의 혈류를 보내 뇌세포의 기능을 유지한
다. 그러나 알코올은 혈류의 저항을 증가시키고 산소를 운반하는
적혈구 세포에 해를 주어 뇌에 산소결핍을 야기한다. 따라서 알코
올은 뇌세포의 기능을 저하시키거나 파괴하여 일상생활에 큰 장애
를 가져다준다.

6. 건전한 음주법

건전한 음주란 개개인의 요구와 주위환경에 의해서 이루어진다.
그러나 술을 마실 때는 항상 적당한 양을 지켜야 한다. 가능하다면
규정한 양보다 낮추어서 마시는 것이 건전한 음주법이다. 그러나
사회생활을 하다 보면 자기가 정한 음주량을 지키기가 쉽지가 않
다. 사람과의 접촉이 많은 직장인들은 특히 더하다. 그러므로 간장
에 부담이 적은 음주법을 연구하여 두는 것이 필요하다.

(1) 술을 마실 때는 육류나 어류, 야채 등을 안주로 함께 먹는 게 좋다
포도주 이외의 술은 거의 산성이므로 알카리성인 과일, 채소류를
먹는 것이 좋다. 특히 과일에 들어 있는 과당은 혈중 알코올 농도
를 떨어뜨리고 비타민 B1, B2, C 등은 숙취를 방지한다. 그리고 간
장은 알코올을 분해하는 과정에서 다량의 단백질을 소모하기 때문
에 안주로 간이나 생선회, 두부 같은 단백질을 섭취하는 게 좋다.

(2) 술을 섞어 마시지 말라

소주를 마시고 나서 맥주를 입가심으로 찾는 사람들이 많다. 술을 섞어 마시게 되면 술이 금방 취하고 그다음 날에도 잘 깨지 않는다.

(3) 술을 마실 때는 물을 같이 마셔라

술을 마셨을 때 물은 위를 희석시키는 데 도움이 된다. 특히 위스키와 같은 독한 술은 얼음물로 희석해서 마시는 게 좋다. 소주라든가 위스키의 스트레이트 등은 알코올 농도가 30%를 넘기 때문에 이러한 알코올은 식도를 거쳐서 위로 운반되기 때문에 위점막은 고농도의 알코올에 직접 닿게 된다. 자극을 받은 위점막은 충혈이나 주름 등이 생겨나서 급성 위점막경련을 일으켜서 피를 토할 수도 있다.

(4) 계속적인 음주는 삼가야 한다

과음하였다고 생각되는 다음 날은 반드시 쉬어 간장을 보호하여야 한다. 적어도 2~3일은 쉬어 간장의 피로를 줄여주어야 한다. 교제가 계속되는 경우라도 3일간 연속 음주는 안 된다. 인간도 간장도 모두 피로한 상태이기 때문에 무리한 음주가 3일간이나 계속되면 발병의 원인이 된다. 간에 쌓인 지방을 제거하거나 위점막의 상처를 회복하는 기간이 3일 정도 걸리므로 매일 과음하게 되면 일부 간조직이 지방간이 되어 알코올성 간염을 일으키게 되고 간경변증과 간암으로까지 발전하게 된다.

(5) 술은 가능하면 천천히 조금씩 마셔라

과음과 폭음은 신체적·정신적으로 커다란 손상을 가져오며 다양한 병의 원인이 된다. 술을 빨리 마시면 혈액의 흡수 속도가 증가하므로 술이 빨리 취하게 된다. 천천히 마시면 간장에 무리를 주지 않아서 좋다.

(6) 술을 마시면서 동시에 흡연하지 않는다

니코틴은 알코올에 잘 용해된다. 그래서 술을 마실 때 담배를 피우면 술이 더 빨리 취하고 녹초가 된다. 니코틴 외에도 담배에 포함된 각종 유해물질과 발암물질은 알코올에 용해되어 알코올로 인해 저항력과 암 발생 억제력이 감소된 몸을 공격한다. 술을 마시면서 동시에 담배를 많이 피우는 사람은 구강암, 식도암, 후두암 등에 걸릴 위험성이 높다.

(7) 술을 혼자서 마시지 않는다

혼자서 술을 마시면 속도도 빨라지고 양도 많이 마시게 된다. 기분이 나쁠 때 주로 혼자 마시게 되는데 이러한 상태에서 술을 마시면 그만큼 빨리 취하게 되며, 감정도 격앙되어 좋지 않은 결과를 유발하기도 한다.

(8) 술은 남에게 억지로 권하지 않는다

술자리에서 다른 사람의 의견을 존중하고 술을 억지로 강요하지 말아야 한다. 사람마다 그날 컨디션과 상황, 주량 등이 다 같을 수 없기 때문이다. 지나친 강요는 결국 상대방의 생활 리듬과 건강을 해치고 가정에 문제를 야기하는 등 해만 끼칠 따름이다.

(9) 술에 강하다고 자랑하지 않는다

술은 마실수록 늘기는 하지만 알코올 저항력이 높아지는 것은 아니다. 술이 세다고 자랑하는 사람들 중에는 술에 강한 체질이 있긴 하지만 엄청난 알코올에도 끄떡없는 슈퍼 간은 없다.

(10) 임신 중 술은 절대 금물이다

임신 중에 술을 마시면 자기 자신은 물론 태아에게까지 치명적인 피해를 입힌다. 혈중 알코올은 태반을 통과하여 곧바로 태아에게로 가는데, 이때 태아의 혈중 농도는 모체와 같다. 독성이 강한 아세트알데히드 등도 똑같이 태아에게 전달되므로 유산이나 노산의 위험도 많지만 태아의 발육장애, 지능장애, 안모이상, 언청이와 같은 기형아를 낳을 가능성이 높다.

(11) 술은 절대로 약과 함께 마시지 않는다

약을 복용하는 동시에 술을 마시면 간은 약과 알코올 두 가지를 동시에 대사해야 한다. 그러나 간은 알코올과 약이 함께 들어오면 알코올을 우선적으로 분해한다. 결국 약의 분해가 늦어져 혈중에 오래 정체하기 때문에 약의 작용이 과하게 나타난다. 반드시 사고가 나는 것은 아니지만 간과 위 등에 무거운 부담을 주기 때문에 심각한 부작용이 생길 수 있는 음주 시의 약물복용은 절대 피해야 한다.

(12) 술을 마신 후 과격한 운동은 하지 않는다

술을 마신 후 스키 등의 격렬한 스포츠를 하는 것은 위험하다. 술을 마신 후, 운동하면 반사신경과 판단력이 둔해져서 부상을 입거나 남을 다치게 할 수 있다. 또한 취한 상태에서의 수영을 하는 것은 심장에 이중 부담을 주어 심하면 사망에 이르는 경우도 있다. 술에 취한 채로 사우나를 한다든지 사우나를 하며 술을 마시는 것 역시 매우 위험하므로 피해야 한다.

(13) 체질을 알고 마시자

술은 무턱대고 마실 게 아니라 자신의 체질을 확인하고 마셔야 한다. 멋모르고 남들을 따라가려다가 간을 망가뜨릴 위험성이 있기 때문이다. 드링크만 마셔도 취하는 사람은 술과 맞지 않는 체질이다. 술에 강해지려고 노력하는 것도 금물이다. 자꾸 마시다 보면 주량이 어느 정도 늘긴 하지만, 그만큼 아세트알데히드도 증가하여 간을 상하게 한다. 술을 조금만 마셔도 숨이 가쁘고 얼굴이 붉어지는 사람 역시 알코올 2차 분해효소인 ALDH와 조효소인 NAD의 선천적 결핍자이므로 술을 보통 사람보다 약간 지나치게 마시면 위험할 수 있다.

7. 음주를 줄이기 위한 방법

① 집에 술을 두지 않는다.
② 일주일에 며칠은 술 마시지 않는 날을 정한다.

③ 술을 거절하는 기술을 개발한다. 그래서 술 마시자는 제의를 정중하게 거절하는 기술을 개발하여 활용한다.

④ 운동, 영화감상, 노래방 등 술 대신 즐길 수 있는 대안을 찾는다.

⑤ 술을 줄인다는 것은 쉬운 일이 아니기 때문에 주변의 적극적인 지지를 얻어야 한다.

⑥ 술을 마시게 하는 사람, 장소, 상황을 피한다.

⑦ 우울하거나 화가 나거나 기분이 나쁠 때에는 술을 마시지 않는다.

⑧ 포기하지 않는다. 술을 줄이는 것은 워낙 어려운 일이다. 체중조절만큼 어려운 일이므로 목표를 정해 놓고 달성하지 못했다고 실망하지 마라. 실패했다면 다시 시작하면 된다.

제 4 장

흡연과 건강

중점학습내용: 1. 담배의 유해성분 2. 담배의 병리 3. 여성과 흡연

Key word: 니코틴, 유해성분, 질병

흡연은 심혈관계, 호흡기계, 심장계 질병을 일으키는 위험인자이다. 담배는 인체에 가장 나쁜 영향을 미치는 것으로 담배 연기에 포함되어 있는 니코틴, 타르, 일산화탄소 등은 호흡기계와 소화기계의 기능을 저하시킬 뿐만 아니라 두통, 현기증 등의 가벼운 증상은 물론 협심증, 폐암 등의 질병을 유발시키기도 한다.

1. 담배의 유해성분

담배 연기 중 90%는 가스이고 나머지는 미립자이다. 그중 90% 이상이 유독물질로 폐에 접착되어 세포를 파괴시킨다. 유독성 가스와 미립자는 200~300여 종인데 그중 인체에 가장 유해한 물질은 니코틴, 일산화탄소, 타르이다.

(1) 니코틴
니코틴은 무색이며 유성인 독물이다.

(2) 일산화탄소

일산화탄소는 담배 연기 속에 0.5~1.0% 정도 들어 있으며, 담배 한 갑을 피우면 약 2mg 정도의 일산화탄소를 흡입하게 된다.

(3) 타르

타르는 담배의 맛과 향기를 결정하는 데 중요한 역할을 한다. 따라서, 흡연 욕구를 충동하는 데 중요한 역할을 한다. 타르의 함량이 많은 담배를 피웠던 사람은 니코틴의 양에 관계없이 많은 양의 담배를 피우게 된다.

2. 질병에 끼치는 영향

1) 폐암

최근에 세계적으로 폐암으로 인한 사망률이 증가하고 있다. 폐암 환자의 90%가 흡연자라는 사실로 보아 흡연이 폐암 발생의 원인이 된다는 것을 알 수 있다. 물론 흡연이 폐암의 주원인이라고 하지만 담배를 전혀 피우지 않는 사람에게도 가끔씩 폐암이 발견된다.

폐암은 담배를 많이 피우는 사람에게 잘 발생하고 담배를 끊으면 폐암으로 사망하는 비율이 급격하게 감소하는 것을 알 수 있다. 담배를 하루 반 갑씩 피우는 사람은 폐암의 발생률이 2배, 하루 한 갑의 흡연자는 비흡연자에 비해 10배, 하루 2갑 이상 20년간 피운 사람은 비흡연자보다 폐암 발생률이 60~70배나 된다는 통계도 있다.

2) 호흡기에 미치는 영향

흡연은 호흡기능에 관계된다. 흡연은 만성 기관지염의 원인이 되며 모든 만성 기관지, 폐질환의 4분의 3은 흡연에 의해 발병된다. 담배 연기의 유독성 물질들이 기관지 점막에 자극을 주어 염증이 생기거나 혹은 오랫동안 존재하는 상태로 담배는 만성 기관지염을 유발시키며 조기 사망의 위험성이 있다.

3) 심장과 고혈압에 미치는 영향

진한 담배 연기는 폐포를 침해하는 동시에 산소 공급을 위해 혈액을 운반하는 동맥에 장해를 준다. 동맥벽은 조직이 연해서 그곳에 침착이 일어나 동맥내경이 좁아져서 혈액이 흐르기 곤란하고 심지어는 동맥이 아주 막혀버리는 경우도 있다. 동맥혈관이 좁아지는 혈관 수축 시에 담배를 피우게 되면 허혈성 심질환(산소 부족)과 관상조직의 손상을 입는 원인이 된다.

4) 저산소증

담배에 있는 일산화탄소는 적혈구 내의 헤모글로빈과 결합하는 능력이 강하여 산소를 박탈하므로 조직에 산소 결핍증이 생긴다. 흡연자는 적혈구 내의 산소를 12% 정도 일산화탄소에 의해 박탈당해 심장, 뇌 등의 기관에 그만큼 산소 결핍증을 갖게 된다.

5) 폐기종

폐기종이란 얇은 벽으로 구성되어 있는 기포를 분리시켜 주는 얼마의 벽들이 파괴되어 정상적인 공기보다 훨씬 큰 공기를 형성하게 되는 폐질환이다.

6) 위십이지장궤양

하루에 담배를 3대만 피워도 혈액순환이 60% 감소되므로 담배의 니코틴은 위장에의 혈액순환을 감소시켜 위-십이지장궤양의 발생이 높아진다.

7) 구강암 및 방광암

흡연은 구강에 연결되어 있는 세포들을 손상시키므로 흡연자는 구강암이 많이 발생한다.

3. 담배의 병리

1) 흡연과 임신

한국의 여성흡연율이 증가 추세로 나타나는 것은 안타까운 일이 아닐 수 없다. 여성의 흡연은 니코틴이 혈관을 수축시켜 혈액순환과 혈관 내 산소 공급에 지장을 주며 피부의 주름 및 조기 노화를 촉진시킨다. 그리고 흡연자는 임신이 안 될 가능성이 높고 폐경기가 빨리 오기도 한다. 또한 담배는 비타민 C 등 중요한 요소를 파괴하여 신진대사에 악영향을 준다.

2) 흡연과 성기능 장애

흡연으로 인한 동맥경화는 뇌 속의 혈류량이 적어져 성을 자극하는 중추신경의 활동이 나빠지면서 성기 혈관도 축소되어 자연히 혈류량이 감소되면서 성기불능상태가 된다. 담배 속의 니코틴은 자율신경을 마비시켜 성욕을 감퇴시키고 정액의 사정량을 감소시킬 뿐만 아니라 여성의 배란을 억제하며 불임을 촉진시킨다. 타르는 생식신경과 고환에 영향을 미쳐 정자생산 능력을 떨어뜨리는 작용을 하는 것으로 밝혀지고 있다.

3) 흡연의 원인

많은 심리적·사회적 요인들이 흡연과 관련이 있다. 담배를 피우기 시작하는 동기는 대체로 욕구불만이나 호기심, 모방심, 반항심, 모험심 등의 발로로 시작된다. 즉, 담배를 피우게 되는 원인은 청소년들이 어른들이나 자기보다 좀 더 나이 많은 사람들이 담배 피우는 것을 모방함으로써 흡연을 배우게 된다.

신체적 발육이 왕성하고 정서적으로 안정되지 못한 청소년기의 흡연은 신체 및 정신건강에 나쁜 영향을 줌으로써 청소년 문제가 되어 사회적 병폐로 나타나게 된다.

4. 여성과 흡연

1) 여성의 흡연, 남성과는 다른 건강상의 문제 제기

(1) 여성의 임신과 출산 그리고 출산 후 자녀 발육에 큰 영향

임산모가 흡연하는 경우 태아에게 치명적인 영향을 끼칠 수 있다. 흡연하는 여성에서 유산 확률이 비흡연자에 비해 1.7배 높게 나타났으며 주산기 사망은 2.16배 높게 나타났다. 흡연히는 산모의 태아는 저체중아를 출산하는 경우가 많으며 양수 속에서 발암물질이 검출되기도 한다. 임신모가 흡연하는 경우 태아의 폐도 직접 피해를 입을 수 있다는 연구결과도 있다. 태아의 발육 부진을 일으킨다.

흡연하는 임산부가 비록 정상아를 낳는다고 하더라도 아이가 성장하는 과정에서 지능의 저하, 사회적응 능력의 부족 또는 폭력적이 되거나 문제아가 될 가능성이 대단히 높다는 연구 결과도 많이 발표되고 있다.

(2) 여성 흡연 남성보다 큰 피해

같은 양의 흡연을 해도 여성은 남성에 비해 건강의 피해 정도가 더 심하다는 연구 결과들이 많이 보고되었다. 여성은 남성에 비해 폐암에 걸릴 확률이 2.3배 높고, 여성이 흡연하는 경우 남성에서는 발생하지 않는 유방암과 자궁경부암의 발생위험을 높인다는 사실이 많이 알려져 있다.

2) 여성 문제로의 흡연과 그 대책

1995년 UN의 주도하에 구성된 Global Alliance For Women's Health Achievements(여성건강증진을 위한 지구촌 연대)의 1999년 3월에 열린 제43차 회의에서 "담배와 여성건강"을 주제로 회의를 가진 바 있으며, INWAT(The International Network of Women Against Tobacco, 국제 금연 여성 망)를 구성해 각 국가에서 흡연을 여성 문제로 다룰 것을 결의하였다.

(1) 임산부와 태아에 미치는 영향

니코틴은 모체의 혈관을 강력하게 수축시킨다. 이에 따라 태아로 이행되는 산소 및 영양공급에 장애가 생긴다.

담배 연기 속의 일산화탄소는 산소가 말초조직까지 운반되는 것을 방해하고 말초조직으로 운반된 산소라도 조직에서 이용되는 것을 방해한다.

(2) 수유기와 흡연

모유 속의 담배 성분은 그대로 아기에게 전해져 나쁜 영향을 주게 된다. 하루 6~8개의 담배를 피우는 수유부가 모유 수유를 할 경우 4온스에는 한 마리의 개구리를 죽일 수 있는 양의 니코틴이 들어 있다고 한다.

(3) 생식기계

여성의 흡연은 난소의 기능을 약화시켜 임신 불능의 가능성이 커지며 폐경기가 빨리 온다. 생식기계의 암 발생률도 높아진다.

(4) 기타

흡연을 많이 하는 여성일수록 눈의 흰자위가 탁해지고 입술 색이 검으며 피부와 머리카락에 탄력이 없다. 흡연으로 인한 비타민 C 소모로 비타민 C의 부족 현상을 일으키며 비타민 B12가 담배에 함유된 독소의 해독으로 사용되어 적혈구를 만드는 힘이 미치지 못해 악성 빈혈을 일으킨다.

피임약을 복용하고 흡연할 경우 심근경색, 혈전증을 발생시킬 확률이 높아지며 심장마비를 일으킬 확률은 비흡연자에 비해 최고 20 배까지 높아진다. 또한 유방암에 걸릴 확률도 높아진다.

체중조절을 목적으로 흡연하는 많은 여성들을 볼 수 있다. 이는 니코틴에 의해 체내에 분비된 아드레날린이 혈당량을 증가시켜 만복감을 느끼게 함으로써 식욕이 줄어드는 현상 때문이다. 그러나 이러한 방법은 영양실조를 일으킬 수 있으므로 바람직한 방법이 아니다. 폐경기 이후의 흡연은 여성이 골다공증에 걸릴 위험을 크게 한다.

5. 흡연을 줄이기 위한 방안

① 담배를 가급적 적게 피우도록 한다.
② 최저 니코틴 함량의 담배를 피운다.
③ 연기를 깊이 들이마시지 말아야 한다.
④ 가능한 한 스트레스를 피하고 긍정적인 자세를 유지한다.
⑤ 담뱃불을 붙인 채 입에 물고 있거나 담배를 빨지 않고 불을

붙인 채 놓아두지 않는다.

⑥ 수분을 많이 섭취한다.

⑦ 커피나 술을 동시에 마시는 것을 삼간다.

⑧ 충분한 수면을 취하고 기상 후 바로 양치질을 한다.

⑨ 과식과 기름진 음식이나 자극적인 음식을 피한다.

⑩ 식사 후에 흡연한다.

6. 담배의 중독현상

중독(addiction)이란 약물복용행위를 통제할 수 없는 상태를 말하며 다른 말로는 약물의존성(drug dependence)이라고 한다. 흡연은 정신적·육체적으로 의존이 생기게 하는데 이는 담배 속에 들어 있는 니코틴 성분에 의해 생긴다. 니코틴의 반복적인 노출은 다른 정신활성화 물질들처럼 신경계의 적응을 일으켜 니코틴에 대한 내성(tolerance), 감작(sensitization), 금단(withdrawal) 증상을 일으킨다.

제 5 장

고혈압과 운동

중점학습내용: 1. 현대사회에서의 성인병 2. 성인병 운동처방

Key word: 성인병, 요통, 운동처방

1. 고혈압

고혈압(Hypertension)은 여러 성인병의 원인이 되는 대표적인 위험요인으로 순환기 계통 퇴행성 질환에 근원적 원인이 되는 만성질환이다. 고혈압은 40대 이후 중년층 이상에서 가장 많이 발생되는 성인병으로서 뇌출혈, 심장병, 신장병 등의 합병증을 초래하며 이로 인한 사망률이 높으며, 또한 치료 및 관리가 잘 안 되는 원인 질환이기에 더욱 큰 문제가 되고 있다.

전 세계적으로 통용되고 있는 고혈압 판정기준을 보면, 수축기(최고)혈압이 140mmHg 이하, 이완기(최저)혈압이 90mmHg 이하인 경우가 정상혈압인데, 고혈압은 최고혈압이 160mmHg 이상, 최저혈압이 95mmHg 이상일 때를 말하고 있다.

혈압분류		수축기혈압(mmHg)		이완기혈압(mmHg)
정상혈압		<120	그리고	<80
주의혈압		120~129	그리고	<80
고혈압전단계		130~139	또는	80~89
고혈압	1기	140~159	또는	90~99
	2기	≥160	또는	≥100
수축기단독 고혈압		≥140	그리고	<90

대한고혈압학회, 2018년 고혈압 진료지침

 1차성 고혈압은 고혈압 환자의 85~90% 이상이며, 유전적 요인
과 후천적인 요인이 작용하지만 자세한 원인은 명확하게 밝혀지지
않고 있으며, 지금까지 밝혀진 원인으로는 비만, 스트레스, 운동 부
족, 식염의 과잉섭취, 영양불균형, 과다한 육체노동, 정신적인 흥분
이나 긴장, 불안 등이 있다. 2차성 고혈압은 고혈압 환자의 5~10%
정도이고 원인이 되는 질병을 치료하면 완치될 가능성이 높은 질환
이다.

2. 고혈압의 원인

 고혈압은 교감신경에 의한 신경성 요인 및 레닌안지오텐신 기전
에 의한 체액성 요인에 의해 발생한다. 이 외에도 유전, 흡연, 남성,
노령화는 고혈압의 유발을 촉진하는 요인으로 고혈압의 90% 이상
은 본태성으로 원인을 알 수 없는 경우가 대부분이다. 나머지 5~
10%는 원인이 명확한 이차성 고혈압에 해당하고, 고혈압의 대부분
을 차지하는 본태성 고혈압은 한 가지 원인에 의해 유발되지 않는
다. 여러 가지 요인이 모여서 고혈압을 일으키는데 이 중에는 유전

적인 요인(가족력)이 가장 흔하며 그 외에 노화, 비만, 짜게 먹는 습관, 운동 부족, 스트레스 등이 있다.

3. 고혈압을 유발하는 요인

① 심혈관질환의 가족력(유전)
② 흡연
③ 고지혈증
④ 당뇨병
⑤ 60세 이후 노년층
⑥ 성별(남성과 폐경 이후 여성)
⑦ 식사성 요인: Na, 지방 및 알코올의 과잉 섭취, K, Mg, Ca의 섭취 부족
⑧ 약물 요인: 경구 피임약, 제산제, 항염제, 식욕억제제

4. 고혈압 증상

고혈압은 뚜렷한 증상이 없어 신체검사나 진찰 중에 우연히 발견되는 경우가 적지 않다. 고혈압은 '소리 없는 죽음의 악마'라고 할 정도로 증상이 없는 경우가 대부분이며 간혹 증상이 있어서 병원을 찾는 경우는 두통이나 어지러움, 심계항진, 피로감 등의 혈압 상승에 의한 증상을 호소한다.

코피나 혈뇨, 시력 저하, 뇌혈관 장애 증상, 협심증 등 고혈압성 혈관질환에 의한 증상을 호소하기도 하고, 이차성 고혈압의 경우 종종 원인 질환의 증상을 호소한다.

5. 고혈압을 예방하기 위해서 운동해야 하는 필요성

고혈압은 40세 이상 되는 성인의 3분의 1은 고혈압이라고 할 정도로 흔한 질병이다.

지금 혈압이 정상이었던 사람이라도 40세가 지나면 혈압이 쉽게 높아져서 누구나 고혈압의 위험에서 벗어나기 힘들며, 고혈압은 운동을 통해서 어느 정도 예방하고 관리할 수 있기에 운동의 필요성 및 방법을 자세히 알아보는 것도 중요하다.

6. 혈압의 운동처방과 일반원칙

운동이 몸에 좋다는 것은 익히 알려진 상식이다. 고혈압인 사람이라도 이차성 고혈압이 아니거나 최고혈압 180mmHg, 최저혈압 90mmHg 이하인 경우라면 특히 운동을 하는 것이 좋다. 운동을 하게 되면 혈압이나 맥박이 개선된다.

그리고 고혈압은 혈액이 혈관 안에서 잘 응고하지 않기 때문에 중풍 등의 혈전증을 잘 일으키지 않는 효과가 있다. 운동을 하게 되면 체내의 모세혈관이 활발하게 되어 효율이 좋은 혈류를 전신에 보내게 된다.

혈관의 내벽에는 세월이 흐름에 따라 콜레스테롤이나 중성지방이 달라붙게 된다. 이 상태가 지속되면 혈류량은 적어지고 결국 동맥경화로 진행된다. 그러나 운동을 계속할 경우 이 찌꺼기는 제거될 수 있다. 이른바 혈관 내의 청소 역할을 운동이 하고 있다고 할 수 있다. 고혈압 환자에서는 유산소운동이 우선 권장된다. 걷기, 조깅, 실내자전거 타기, 수영, 줄넘기 등이 대표적인 유산소운동이다.

1) 걷기

걷기는 심장과 폐에 자극을 주어 심폐기능을 향상시킬 수 있는 에너지 소모가 적은 대표적인 전신운동으로 특별한 기술이나 장비가 필요하지 않으며 장소에도 구애를 받지 않는다.

바른 자세는 똑바로 선 상태에서 머리를 들고, 시선은 4~5m 전방을 주시한다. 어깨의 힘은 빼고 수평을 유지하며, 팔은 옆으로 가볍게 90도로 구부리고 호흡과 무릎의 리듬에 맞춰서 앞뒤로 가볍게 흔들어주고 이때 주먹은 가볍게 쥐도록 한다. 호흡할 때는 흉식호흡보다는 복식호흡이 바람직하며 입과 코를 모두 사용해서 호흡하는 것이 좋다. 무릎과 발은 앞을 향하고 발을 디딜 때는 발뒤꿈치, 발바닥, 엄지발가락 순서로 닿도록 한다. 이때 발에 오는 충격은 체중의 2배 정도가 된다.

2) 조깅

걷기보다 운동 효과가 크기 때문에 특히 심폐기능 강화 효과가 좋으며, 하체 근육 단련 및 칼로리 소모에 탁월하다. 걷기보다 힘든 운동이므로 운동 전 준비운동과 운동 후 마무리 운동이 필요하다. 특히 준비운동 없이 달리기하게 되면 근육에 무리가 올 수 있다.

3) 실내자전거 타기

실내에서 자전거 운동 효과를 낼 수 있는 실내 유산소운동 기구이다. 자전거처럼 앉아서 운동하기 때문에 무릎이 약한 분들이나 비만인에게도 적합하다. 집에서도 쉽게 설치할 수 있어서 집에서 하는 유산소운동 기구로도 적합하다. 자전거 운동인 만큼 하체 근육 단련도 함께 할 수 있어 근력운동과 유산소운동을 함께 할 수 있다는 장점이 있다.

4) 수영

수영은 물을 이용하는 전신운동이다. 물의 부력으로 인하여 물속에서는 체중의 90%가 제거되는 대신에 공기 저항보다 5~40배까지 저항이 증가하기 때문에 수중에서의 활동 자체는 전신의 근육을 강화시켜 주는 운동 효과를 나타낸다. 수영의 장점은 충격이 적은 운동으로 근골격계질환을 예방할 수 있으며 지속적으로 시행하면 심폐지구력이 향상된다.

5) 줄넘기

　많은 칼로리를 소모할 수 있으며 골밀도가 증가되고 신체능력을 향상시켜 준다.

　심혈관 건강을 개선시켜 주고 근육의 질량을 근육의 손실 없이 생성하도록 도움을 준다.

7. 운동할 때의 주의 사항

　고혈압 환자가 운동할 때에는 혈압의 적절한 관리와 조절을 위해 운동 전, 운동 중, 운동 후 혈압을 확인하여야 한다. 또한 고혈압 환자는 반드시 운동 시작 전에 준비운동과 운동 후에 정리운동을 해야 한다. 준비운동은 심장이나 근육에 점진적인 자극을 줌으로써 혈액과 근육의 온도를 올리고 혈류를 빠르게 해서 인체 각 기관의 운동능력을 향상시킨다. 심장에서 먼 부위인 손과 발부터 시작해서 몸통까지 근육을 풀어주는 스트레칭과 걷기나 가벼운 제자리뛰기 정도로 하고 적어도 5분 이상 실시한다. 그리고 본운동을 하고 나서 갑자기 운동을 멈추면 어지럼증이나 실신이 일어날 수 있으므로 심박수가 분당 100회 이하로 떨어질 때까지 천천히 5분에서 10분 정도 정리운동을 하는 것이 좋다.

　합병증이 없는 대부분의 고혈압 환자는 사전에 특별한 검사를 받지 않아도 안전하게 운동량을 증가시킬 수 있다. 그러나 심장병 과거력, 가슴 통증, 어지러움이 있는 경우, 심한 운동을 해본 적이 없는 65세 이상의 환자, 또는 위험인자가 있는 환자는 운동을 시작하기 전에 전문의를 통해 운동부하 검사 등의 정밀검사를 시행하여 평가한 다음에 진행하는 것이 안전하다.

고혈압 환자가 해서는 안 되는 운동의 종류를 몇 가지로 분류하면

첫째, 지나치게 심한 운동은 피하도록 한다.

과격한 운동을 하는 도중에 혈압을 올린다. 또 역기나 밀기, 당기기 등의 정적 운동은 혈압이 급상승하므로 해롭다. 걷기, 달리기, 수영, 자전거 타기 등 율동적이고 동적 운동, 즉 유산소운동이 도움이 된다.

둘째, 코치나 감독으로부터 압력이 따르는 운동, 순간적으로 힘을 쏟아야 하는 운동 등은 피하도록 한다. 감독으로부터의 꾸중이나 승부에 대한 책임 등으로 뇌졸중을 일으킬 수 있다.

셋째, 늘 긴장해 있어야 하는 운동은 피한다.

골프 등 게임성이 강한 운동도 피하는 것이 좋다. 승부에 매달리는 만큼 스트레스도 커지며 혈압은 상승하게 된다. 평상시 운동을 하지 않던 사람이 넓은 잔디밭을 걸으며 여유 있게 스윙을 하는 정도의 골프라면 별 무리는 없다.

넷째, 단체로 하는 스포츠는 피하도록 한다.

이유는 상대가 준비하지 않으면 할 수가 없고, 운동하는 도중 피곤해도 쉽게 쉴 수가 없으며 단체경기는 반드시 승부가 따르게 되므로 자신의 행동에 많은 책임감을 느끼므로 스트레스가 쉽게 쌓이는 것 등을 들 수 있다.

다섯째, 운동강도가 지나치게 약한 운동은 아무런 효과가 없다.

지나치게 강한 운동을 하는 것도 무리가 있겠지만 몸을 지나치게 도사려 강도가 아주 약한 운동을 하면 혈관의 강화나 고혈압 대책에 아무런 효과를 가져오지 못한다. 이상과 같은 점들을 잘 살펴서 일정 시간 자신 혼자서 할 수 있는 운동을 선택한다면 많은 효과를 볼 수 있을 것이다. 그러나 가장 중요한 것은 어떤 운동일지라도 꾸준히 하지 않으면 아무런 효과를 볼 수 없다는 사실이다.

8. 생활 습관을 통해 혈압을 낮추는 방법

1) 자신의 혈압을 체크하기

혈압은 수시로 변하기 때문에 혈압이 조금 오른다고 너무 조급하게 생각하지 말며, 만약 계속 혈압이 높게 측정되면 의사와 상의해야 한다.

2) 기온이 급격히 떨어진 날은 주의하기

외출 시에는 옷을 충분히 갖춰 입어 몸을 따뜻하게 유지해야 하며 또한 적절한 실내 온도 유지도 중요하다. 실내 온도가 1℃씩 내려갈 때마다 수축기혈압이 1.3mmHg, 이완기혈압이 0.6mmHg 올라간다.

3) 자신의 몸무게를 조절하기

비만인 사람이 체중을 5kg 정도 줄이면 수축기혈압을 10mmHg, 이완기혈압을 5mmHg 정도 떨어뜨릴 수 있고, 고혈압 약제에 대한 효과도 증가한다. 활동이 적은 겨울철에는 오히려 체중이 늘어나기 쉬우므로 주의해야 한다.

4) 소금의 양을 줄이도록 노력하기

소금은 우리 몸을 붓게 하고 혈압을 상승시킨다. 평소 음식에 첨가하는 소금이나 간장의 양을 반 이하로 줄이도록 노력해야 한다.

5) 담배를 피하고, 술을 줄이기

담배는 직접 혈압을 올리지는 않지만 동맥경화증을 유발시키는 중요한 위험요소이다. 또 술을 마시면 혈관이 수축되어 혈압이 상승하게 된다.

6) 운동하기

앞서 고혈압에 좋은 운동에 대해서 이야기했었는데 소개했던 운동들을 일주일에 3~4일, 30~45분씩 해보는 것이 좋을 것 같다.

7) 즐거운 마음으로 생활하기

현대인에 있어서 혈압의 상승은 스트레스와도 관계가 많다. 충분한 수면을 취하고 과로를 피하는 등 긴장을 푸는 시간을 매일 갖는 것이 중요하다.

8) 고혈압은 유전적인 소인이 아주 강하다는 사실을 염두하기

부모 모두가 고혈압인 경우는 80%, 한쪽 부모가 고혈압인 경우는 40~50% 정도 자녀에게 유전될 수 있다. 일반적으로 30~40대 이후에 혈압이 올라가지만 더 젊어서 시작하는 경우도 있으며, 혈압이 올라가는 겨울철에 처음 고혈압을 발견하는 경우가 많으므로 가족 모두 정기적으로 검사를 받도록 하는 것이 좋다.

제 6 장

당뇨병과 운동

중점학습내용: 1. 현대사회에서의 성인병   2. 성인병 운동처방

Key word: 성인병, 요통, 운동처방

1. 당뇨병

당뇨병은 소변으로 포도당이 배출된다고 하여 이름 붙여진 병이다.

정상인의 경우는 소변으로 당이 넘쳐나지 않을 정도로 혈당이 조절되고, 여기에는 췌장에서 분비되는 인슐린이라는 호르몬이 중요한 작용을 하는데, 이때 인슐린이 모자라거나 작용하지 않는 상태가 되면 혈당이 상승하며, 이로 인해 혈당이 지속적으로 높은 상태가 되는데, 이것을 당뇨병이라고 한다.

당뇨병은 제1형과 제2형으로 구분할 수 있는데, 제1형 당뇨병은 선천적으로 인슐린을 전혀 생산하지 못하는 것이 원인이 되어 발생하는 질환이다. 인슐린이 상대적으로 부족한 제2형 당뇨병은 인슐린 기능이 떨어져 포도당 연소를 효과적으로 하지 못하는 인슐린 저항성을 특징으로 한다. 제2형 당뇨는 후천적 요인인 식생활의 서구화에 따른 고열량, 고지방, 고단백의 식단, 운동 부족, 스트레스 등 환경적인 요인이 크게 작용하는 것으로 보이지만, 이 외에 특정 유전자의 결함에 의해서도 당뇨병이 생길 수 있으며, 췌장 수술, 감염, 약제에 의해서도 생길 수 있다.

당뇨병의 발생은 유전적·환경적 요인이 중요한 역할을 한다. 이는 당뇨병이 걸리기 쉬운 유전적 체질을 부모로부터 물려받은 사람이 당뇨병을 유발하기 쉬운 환경에 노출될 때 발생할 수 있기 때문이다.

하지만 현재까지 당뇨병을 일으키는 유전자의 이상을 찾을 수 있는 경우는 전체 당뇨병의 1% 미만에 불과하므로 아직 대부분의 당뇨병에서는 원인 유전자가 무엇인지 명확하게 밝혀지지 않았다고 한다.

당뇨병을 유발할 수 있는 환경 인자로는 고령, 비만, 스트레스, 임신, 감염, 약물(스테로이드제제, 면역억제제, 이뇨제 등)이 있다. 환경인자는 유전인자와는 달리 본인의 노력으로 어느 정도 극복이 가능하다. 최근 들어 당뇨병이 급증하는 이유는 유전적인 원인보다 과도한 음식물 섭취와 운동량 감소 등으로 인한 비만증의 증가 때문으로 여겨진다. 단것을 많이 먹는 것보다 그로 인한 체중 증가와 비만증이 당뇨병의 발병 위험성을 증가시킨다.

당뇨병에 운동이 필요한 이유는 당뇨병 환자의 사망요인 중 가장 큰 비중을 차지하는 것이 심혈관질환이다. 규칙적인 운동은 심혈관질환의 위험성을 낮추는 효과가 있으므로 당뇨병 환자에게 운동의 중요성은 매우 크다고 볼 수 있다.

운동은 심혈관질환의 위험성을 낮출 뿐만 아니라 인슐린 감수성을 개선해 혈당 조절에 도움을 주고, 당뇨병 환자들에게 잘 생기는 고지혈증에도 도움이 된다. 이런 운동의 긍정적인 효과는 체중 감소가 없어도 나타나는 것으로 알려졌고, 유산소운동뿐만 아니라 근력운동도 혈당 개선 효과가 있다.

제2형 당뇨병 환자가 규칙적으로 운동하면, 혈당이 약 20∼25mg/dl 정도 낮아지는 것으로 알려져 경구용 혈당 강하제 중 알파 글루코시다아제 억제제와 비슷한 효과를 보이다. 그러나 아쉽게도 당뇨병 환자 중에서 1년 넘게 꾸준히 운동하는 사람의 비율은 20∼30% 정도에 불과한 것으로 알려져 있다. 당뇨병 환자에게 심혈관질환의 위험성을 낮추고, 혈당을 직접적으로 낮추는 효과가 있는 운동을 지속하도록 격려하고 지지하는 것이 중요하다.

2. 당뇨병과 운동

몸 안에서 혈당을 조절하는 기관인 췌장에서 분비되는 인슐린을 필요한 양만큼 만들어내지 못하거나 생산된 인슐린이 세포에 제대로 작용하지 못하게 될 경우 혈당치가 높아짐과 동시에 높아진 여분의 당이 소변으로 배설됨으로써 기운이 없어지고 쉽게 피로를 느끼게 되는 증상이 나타나는데 이런 현상을 '당뇨병'이라고 한다.

당뇨병의 병명은 'Diabetes Mellitus'라고 하는 라틴어에서 비롯되었는데, 이 병은 18세기경 현대 의술에 의해서 소변에 당이 많이 섞여 나오는 병으로 밝혀짐으로써 그 이름이 붙게 되었다. 한편, 현대는 과거에 비하여 의학의 발달과 식생활의 향상, 그리고 생활양식의 급격한 변화 등으로 인해서 당뇨병 환자의 수가 급격하게 증가하고 있는 실정이다.

특히 40대 이후의 연령층에서는 더욱 급격히 증가하여 과거 10

년 전에 비해 당뇨병으로 인한 사망률이 약 2.4배나 증가했다고 보고되고 있다. 이처럼 당뇨병 발병률은 시간이 갈수록 점점 높아지는 추세이며, 과거에는 남자의 발병률이 여자보다 높았으나 현재는 여성의 비율이 더 높은 추세이며 농촌지역보다는 도시지역의 발병률이 약 1.5배 높은 것으로 나타나 있다.

한편 당뇨병은 치료가 잘 되지 않을 경우에 당뇨병성 망막증이나 당뇨병성 신증과 같이 눈이나 신장에 특징적으로 일어나는 혈관장애뿐 아니라 신경장애 합병증 또는 전신에 일어나는 동맥경화 합병증 등을 유발하기 때문에 매우 세심한 주의가 요구된다.

3. 당뇨병의 원인 및 분류

1) 당뇨병의 원인

당뇨병은 인슐린의 분비량이 부족하거나 인슐린의 작용 및 기능이 충분히 이루어지지 않을 때 나타나는 질병으로서 좀 더 구체적으로 설명하자면 글리코겐, 지질, 단백질의 과도한 분해로 인한 혈중 글루코스 농도의 급격한 증가가 일어나고, 그로 인해 당뇨 및 케톤뇨를 배출시키게 된다. 이때 과다한 수분과 전해질의 손실이 일어나 혈액이 농축되고 순환기 및 신장 등에 장애가 발생하여 보다 심각한 합병증을 유발하는 상태에 이르게 된다.

그러나 당뇨병에 대한 명확한 발생원인은 아직 밝혀내지 못하고 있는 실정이나 대개 유전적 요인과 환경적 요인이 상호작용하여 병을 일으킨다고 보고 있다. 한편, 당뇨병이 이렇게 유전적인 요인을 가지고 있다면 적절한 식생활, 정신적 안정, 정상체중의 유지, 적당한 운동 등 환경적인 요인을 잘 통제하여 당뇨병의 발생을 예방할 수 있게 하거나 어느 정도 지연시킨다.

2) 당뇨병의 분류

1980년 세계보건기구의 당뇨 전문 위원회는 당뇨병을 임상적인 면에서 인슐린 의존형 당뇨병과 인슐린 비의존형 당뇨병으로 분류할 것을 권고하였다. 본서에서는 여기에 인슐린 요구형 당뇨병을 추가하여 크게 세 가지로 나누고 있다.

① 인슐린 의존형 당뇨병(소아형 당뇨병)

소아형 당뇨병으로 분류된 인슐린 의존형 당뇨병은 인슐린 생산이 거의 되지 않거나 혹은 전혀 안 되는 기능 이상을 말한다. 대부분 20세 이하의 어린 연령에서 주로 발생하는데 성인에게서도 드물게 발생하기도 한다. 이 인슐린 의존형 당뇨병의 주요 원인들로는 유전적 원인, 심신의 스트레스, 바이러스, 자기면역이상 등이 있다. 이 인슐린 의존형 당뇨병의 특징을 요약하면 다음과 같다.

가) 췌장이 충분한 인슐린을 공급하지 못한다.

나) 인슐린이 없기 때문에 글루코스가 통과할 수 있는 수용체의 문이 열리지 않는다.

다) 혈당수준이 증가한다.

라) 소변으로 배출되는 글루코스양이 증가한다.

② 인슐린 비의존성 당뇨병(성인형 당뇨병)

성인형 당뇨병으로 분류된 인슐린 비의존성 당뇨병은 연령의 증가나 신체의 비만 증세로 인해 인슐린이 부족하게 되거나 그 이용능력의 저하로 인해 발생된 당뇨병을 말한다. 대개 40세 이후에 발병하며 우리나라에서는 이 형태의 당뇨병이 주종을 이루고 있다. 가족이나 친척 중에 당뇨병 환자가 있는 경우, 즉 유전적 소인을 가진 사람이 비만증, 운동 부족, 심신의 스트레스, 임신 등으로 인해 체내 당 대사능력이 저하되고 여기에 인슐린의 작용이나 분비가 원활하지 못하게 될 경우 결국 혈당의 조절능력에 이상이 생겨 당뇨병에 걸리게 된다.

또 유전적인 요인이 없어도 나이가 들어 위에 열거한 환경적인 요인만으로도 당뇨병에 걸릴 수 있다. 한편, 인슐린 비의존형 당뇨병은 비만증을 동반하는 유형과 체중의 감소를 동반하는 유형으로 분류할 수 있다.

③ 인슐린 요구형 당뇨병(영양실조형 당뇨병)

영양실조형 당뇨병이라고도 불리는 이 병은 소아 때부터 영양 공급을 제대로 받지 못한 영양결핍, 특히 단백질의 결핍으로 인해 인슐린의 분비가 저하되어 발생하게 된다. 이 경우 인슐린 의존형 당뇨병보다 약 3~4배 많은 인슐린을 요구한다.

4. 당뇨병의 증상

당뇨병의 증상은 갑자기 나타날 수도 있지만 대부분 서서히 나타나므로 환자 자신도 발병 여부를 잘 모르고 지나치는 경우가 많다.

1) 일반적 증상

당뇨병 환자가 느끼는 증상은 고혈당으로 인해 소변으로 당이 배설되며 주로 탈수상태, 갈증, 피로, 무력감, 공복감이 발생한다. 이를 극복하기 위해서는 다량의 물을 마시게 되며 소변량이 많아지게 된다. 또한 공복감을 해결하기 위해서 음식을 더 많이 섭취하는 경향이 있다. 그러나 이는 다시 고혈당증을 유발하게 되어 위에서 언급한 과정이 다시 반복되는 악순환을 초래하게 된다. 이 외에도 일반적인 증상으로는 체중의 감소, 피부에 부스럼이 잘 생기고, 조그만 상처에도 잘 곪으며, 시력장애, 손발이 저린 증세, 잇몸이 쉽게 약해져서 치아가 흔들리는 증상 등이 있다.

2) 병리적 증상

당뇨병의 대표적인 병리 증상은 고혈당증, 저혈당증, 케톤산증 등이 있다. 이에 대해서 자세하게 살펴보면 다음과 같다.

① 고혈당증

당뇨병의 전형적인 형태인 병리적 고혈당증은 소위 당뇨병 혼수라고도 불리는데, 이는 체내의 혈당수치가 정상수치 이상의 상태가 지속되는 질병으로 체내 항상성을 유지하기 위해서는 이 정상수치 이상의 혈당을 체외로 배출시켜야 한다. 따라서 소변량이 많아지게 되고, 이로 인해 체내 수분 또한 과도하게 배출되어 수분의 보충이 요구된다.

만약 수분 보충이 충분하지 못하게 되면 신체는 점점 탈수상태에 빠지게 되고, 결과적으로 체내의 혈당수준은 더욱 상승하게 되어 신체는 고혈당상태가 계속되는 악순환이 일어나게 되어 장기에 심한 손상을 가져다주기도 한다.

② 저혈당증

저혈당증은 정상적인 혈당수치보다 낮은 수준이 계속되는 질병으로 종종 인슐린 쇼크라고 불리기도 한다. 이것은 인슐린을 너무 많이 사용하거나 음식물의 섭취가 너무 적거나 또는 지연될 때, 또는 당뇨병 환자가 심한 운동을 했을 때 흔히 나타나며 떨림, 심한 공복감, 두통, 현기증 등의 증상을 수반한다. 저혈당은 이러한 증상으로 인해 바로 혼수상태가 발생될 수 있기 때문에 주스, 사탕, 초콜릿 등으로 당을 신속히 공급해야 한다.

③ 케톤산증

케톤산증은 체내의 혈당수준이 매우 높거나 혹은 인슐린 분비가 매우 부족할 경우 발생하게 된다. 케톤산증의 증상은 소변 배출 시 많은 케톤체가 보이는 것이 특징이다. 체내 높은 수준의 케톤은 매우 유해하나 다행히도 이는 매우 서서히 그리고 점진적으로 발생하게 되므로, 증상이 나타나면 신속한 치료를 통해서 위험한 상황에

도달하지 않도록 잘 통제해야 한다.

④ 췌장이나 내분비계 손상

췌장이나 내분비계에 손상을 주는 약물이나 화학 약품을 사용하는 것이 원인이다. 췌장의 질병과 약물로 인해 이차적 당뇨병을 일으키게 되는데, 여성의 경우 임신 시에 일시적인 당뇨병 증상이 나타나기도 한다. 그러나 이 증상은 출산 후에는 없어지는 것이 보통이다. 그러나 당뇨병 증상을 보인 산모는 출산 후 지속적으로 진찰을 받아 확인할 필요가 있는데, 그 이유는 이런 증상의 산모들의 30~40%는 5년에서 10년 사이에 재발하는 경우가 있기 때문이다.

3) 합병 증상

(1) 급성 합병증

인슐린 의존형 당뇨병 환자에게 오는 급성 합병 증상인 당뇨병성 혼수를 당뇨병성 케톤 증상이라고 하고, 이에 반해 고령의 비의존형 환자에게 주로 오는 당뇨병성 혼수를 비케톤성 고삼투압성 혼수라고 한다. 우선, 당뇨병성 케톤산증은 주로 인슐린 의존성 당뇨병 환자가 인슐린 투여를 중단하였거나 감염증이나 수술로 인한 신체적인 스트레스가 발생하였을 때, 또는 심한 정신적 스트레스가 있을 때 발생한다. 이 당뇨병성 케톤산증의 증상을 살펴보면 식욕부진, 오심, 구토, 다뇨, 복통 등을 들 수 있으며, 이 증세를 바로 치료하지 않으면 체내 탈수현상이 급격하게 나타나게 되고 의식이 혼미해지면서 혼수상태에 빠지게 된다. 이 경우 환자는 과호흡을 하게 되고 아세톤 냄새를 풍기는 것이 특징이다.

(2) 만성 합병증

첫째, 당뇨병성 신경증은 당뇨병으로 인해 신경계에 장애가 오는 것인데 여기에는 말초신경의 장애, 건반사의 소실, 운동신경의 마비, 자율신경의 장애 등이 있다. 말초신경 장애의 증상을 살펴보면 보통 하지 부위에 통증이 느껴지고 뻐근하거나 찌르는 듯한 통증으로 심한 고통을 받는다. 특히 차가운 환경에서는 그 증상이 더 심해지는 경향이 있다. 또한 감각장애로 인해 손발의 감각이 무디어져 온도차 또는 통증에 무감각해지게 된다. 또한 감각장애로 인해 손발의 감각이 무디어져 온도차 또는 통증으로 심한 고통을 받는다.

둘째, 당뇨병성 신증은 미세혈관 합병증의 하나로 보통 증상 발생 후 약 10~15년 정도가 지나야 나타나는 특징이 있고, 특별한 증상이 없을 때에도 소변검사를 통해 단백질이 나타나면 신증을 예측할 수 있다. 보통 흔히 실시하는 요단백 검사 시에는 음성의 결과가 나왔다고 할지라도 미량의 알부민이 배출되는 경우가 있다. 미량의 알부민이 소변에 섞여 나올 때에는 혈당과 혈압을 정상에 가깝게 철저히 조절하고 단백질 섭취를 줄이도록 해야 한다. 즉 요단백이 검출되기 이전에 더욱 악화되지 않도록 하는 것이 중요하다.

셋째, 당뇨병성 망막증은 미세혈관 합병증의 하나로 당뇨병 발병 후 약 15년 이상 경과하면 환자의 70% 정도가 이 합병증으로 고생하게 된다. 그러나 당뇨병을 잘 조절했는지 발생 초기에 혈당을 잘 조절했는지의 여부에 따라 그 진행을 늦출 수 있다.

5. 당뇨병의 진단

일반적으로 당뇨병의 진단은 혈중 글루코스 농도의 측정을 통해 이루어진다. 또한 다식(多食), 당뇨(糖尿), 다음(多飮) 등의 증세와 급속한 체중 감소 등의 확인을 통해 간접적으로 진단이 가능하다. 당뇨병 기준치는 혈중 글루코스 농도가 평상시 200mg/dl(정맥혈장) 이상이거나, 공복 시 140mg/dl(정맥혈장) 이상일 때 당뇨병을 의심할 수 있는데 보다 정확성을 기하기 위해서 당부하검사를 이용하여 기준을 참조하면 된다.

6. 당뇨병의 예방 및 치료

(1) 예방

일상생활에서 적절한 식사습관, 정신적 안정 유지, 정상체중의 유지, 적당한 운동 등이 이루어져야 한다. 무엇보다도 당뇨병을 예방하기 위해서는 적절한 식이요법으로 과도한 영양섭취로 인한 비만증의 발생을 억제해야 하며 운동을 통해 체내 대사과정이 균형 있게 조절되도록 해야 한다. 특히, 운동을 규칙적으로 꾸준히 하는 것은 신체적인 측면에서 체내의 고혈당을 미리 예방해 이상적인 체중을 유지시켜 주는 효과가 있을 뿐 아니라 정신적으로 자신과 주위환경에 의해 발생되는 스트레스를 해소시켜 정서적인 안정을 찾을 수 있기 때문에 당뇨병 예방에 큰 효과가 있다.

(2) 치료

당뇨병의 치료방법에는 여러 가지가 있지만 가장 대표적인 방법에는 식이요법, 운동요법, 약물요법 이 세 가지로 나누어 살펴볼 수 있다. 이 방법을 사용할 때에는 당뇨병의 유형에 따라 그리고 증세의 경중에 따라 치료방법에서 약간의 차이는 있겠으나 공통적인 것은 식이요법과 운동요법이 당뇨병 치료에 가장 기본이 된다는 사실이다. 이 치료는 병원의 병리적인 진료자료에 근거해 전문의, 전문 영양사, 전문 운동처방사의 협의하에 이루어져야 한다.

① 식이요법

식이요법을 통해 체내의 혈당이 정상적으로 이용되도록 함으로써 지나치게 낮거나 혹은 극히 높은 고혈당상태가 되는 것을 막을 수 있다. 이 식이요법의 원칙에 대해서 살펴보면 다음과 같이 5가지로 크게 나눌 수 있다.

1 알맞은 열량을 먹는다. 즉, 섭취 열량을 조절하여 최대한 표준체중을 유지하여야 한다.

2 3대 영양소를 골고루 먹는다. 가장 이상적인 영양소의 배분 권장치는 단백질 15~20%, 지방 20~25%, 탄수화물 55~60%의 수준이다.

3 비타민과 무기질을 충분히 섭취한다.

4 운동요법이나 약물요법 등의 다른 혈당 조절수단과 조화를 이룬다.

5 환자 개인에 따른 식이요법을 재처방해 줌으로써 스스로 실천할 수 있도록 한다.

② 운동요법

운동요법은 당뇨병 치료에 있어서 꼭 필요한 항목이다. 왜냐하면 규칙적인 운동은 말초조직의 순환 혈류량을 증가시키고, 근육 및 지방세포의 인슐린 작용을 활성화하여 글루코스 이용률을 증대시키기 때문에 체내 고혈당상태를 당뇨로 처리하지 않고 소비시킬 수 있게 된다. 특히 비만형 인슐린 비의존형(유형1) 당뇨병 환자의 경우 운동요법과 식이요법을 병행해서 사용하게 되면 체중조절과 더불어 당뇨병을 개선시킬 수 있게 되어 아주 효과적이다.

③ 약물요법

식이요법과 운동요법으로는 혈당 조절이 잘 되지 않는 중증 이상의 당뇨병 환자의 치료에는 약물요법을 병행해서 치료하게 된다. 대표적인 약물요법에는 경구용 혈당 강화제(먹는 당뇨병 약)와 인슐린 주사요법이 있다.

7. 당뇨병 치료를 위한 운동 프로그램

(1) 운동의 형태

당뇨병 환자는 무엇보다도 운동을 통한 치료효과와 아울러 즐거움을 얻을 수 있는 운동을 선택해야 할 것이다. 따라서 운동 실시 초기에는 가장 기본적인 운동인 걷기와 천천히 달리기를 권장할 만하다. 이 운동들은 유산소성 운동인 동시에 체중을 이동시키는 동적 운동이므로 환자의 전신지력 향상에 큰 효과가 있다. 준비운동과 정리운동 목적의 체조와 걷기를 적당히 프로그램화한다면 어느 곳에서나 환자 스스로 할 수 있는 운동이 된다. 이 운동을 가지고 매일 규칙적으로 실시한다면 적어도 1일 소비 에너지 가운데 200 ~300kcal는 소비될 수 있으며 더구나 식이요법과 병행하면 당뇨병 치료에 더욱 효과가 있다.

(2) 운동의 강도

당뇨병 환자에게 실시하는 운동강도는 최대 능력의 약 40~80% 사이에서 주의 깊게 처방해야 하며, 초기에는 40%로 결정하는 것이 바람직하다. 특히, 인슐린 의존형 당뇨병 환자의 경우 갑작스러운 운동강도의 증가는 절대로 삼가야 하며, 초기에는 40%로 결정하는 것이 바람직하다. 인슐린 비의존형 당뇨병 환자의 경우에도 일정한 운동강도를 유지한 상태에서 점차적으로 강도를 증가시켜야 한다.

운동강도를 결정할 때 가장 널리 이용하는 방법이 목표심박수이다. 이 목표심박수에 의해 운동강도를 결정할 때에는 최대심박수와 안정 시 심박수를 이용하게 되는데, 안정 시 심박수는 평소의 측정을 통해서 얻을 수 있고 최대심박수는 220에서 자신의 연령을 뺀 수로 결정하면 된다. 그러나 운동부하검사를 통해서 보다 정확하게 측정하는 것이 좋다.

- 최대심박수(MHR)=220-나이
- 목표심박수(THR)=운동강도(%)×(최대심박수-휴식 시 심박수)+휴식 시 심박수

(3) 운동 시간

운동 시간은 미리 처방된 운동강도의 수준에 의해 결정한다. 왜냐하면 운동 시간과 운동강도는 역상관관계로 운동강도가 높을수록 지속할 수 있는 운동 시간은 짧아지기 때문이다. 한편, 미국 스포츠 의학회에서는 운동강도를 선택함에 있어 약 20~30분 정도 지속할 수 있는 운동 시간을 기준으로 할 것을 추천하고 있으며, 운동 시간의 결정은 당뇨병 환자의 유형에 따라 운동강도 및 운동 빈도를 고려하여 다르게 적용한다. 이 경우 장시간의 운동은 적절하지 않다. 일반적으로 인슐린 의존형 당뇨병 환자의 경우는 10~30분 이내에 마치도록 하고, 인슐린 비의존형 당뇨병 환자는 일정한 강도를 30분 이상은 실시하되 한 시간 이상을 넘지 않도록 권장하고 있다.

(4) 운동 빈도

운동 빈도는 주당 몇 번을 할 것인가를 나타내는 것으로서 이것 또한 적정한 운동처방의 목적과 개인의 수준에 따라 결정된다. 당뇨병 환자의 운동 빈도는 일반적으로 자주 실시하는 것이 좋은데, 보통 1주일에 5일 정도가 적당하다. 특히 인슐린 의존형 당뇨병 환자는 인슐린 수준을 일정하게 유지하기 위해서 규칙적인 식이요법과 함께 매일 실시하는 것이 좋다. 그리고 인슐린 비의존형 당뇨병 환자는 열량 소비를 보다 높이고 과체중을 감소시키기 위해서 주당 5일 정도 실시하는 것이 바람직하다.

① 운동 프로그램의 유형
① 유연성 체조 프로그램

유연성은 근육과 건 등의 연조직의 신전, 굴곡에 관계하는 중요한 체력 구성인자 중의 하나이다. 유연성 향상 운동에는 스트레칭, 맨손체조, 요가 등이 있으나 스트레칭 운동이 가장 쉽게 할 수 있으면서 운동효과가 큰 장점이 있다.

스트레칭 운동의 유형은 근육의 기능을 높이기 위한 정적 스트레칭과 반동을 주어서 실시하는 동적 스트레칭으로 나눌 수 있다. 동적 스트레칭은 앞·뒤로 굽히기, 율동적 동작 등에서 나타나는 동적 운동 유형이며, 정적 스트레칭은 일정한 자세를 유지하는 운동으로서 신체 골격의 바른 배열에 따라 근육의 장축 방향으로 향하도록 해주는 운동이다. 유연성 운동 시에는 자연스럽게 호흡하고 도중에 휴식을 취하지 않는다. 보통 스트레칭은 정적 스트레칭을 실시하는데, 이때에는 편안하게 그리고 천천히 실시하며, 근육을 늘린 상태로 10~20초 동안 자세를 유지하여야 한다. 또 모든 동작은 늘려서 정지한다는 느낌을 가지고 실시하도록 하는 것이 요령이다. 정적 스트레칭을 실시함으로써 당뇨병 환자의 치료를 위해 단시간 내에 안정 시의 심박수로 회복시키고 에너지 대사 회복에도 도움을 줄 수 있도록 연속적이고 천천히 해야 한다.

② 걷기 운동 프로그램

걷기 운동의 실시 방법과 운동 프로그램은 다음과 같다. 허리를 바로 세우고 배를 내밀지 않은 자세로 반듯하게 걷는다. 가벼운 걷기나 스트레칭으로 준비운동과 정리운동을 한다.

당뇨병 환자의 경우 걷기의 운동강도는 자신의 체력수준에 맞게 계획된 시간 내에 일정한 거리를 걷도록 한 다음 운동 전·중·후

각각 10초간 심박수를 측정한다. 그런 다음 운동 중 목표심박수가 120회/분 정도의 수준으로 조절한다.

③ 조깅 프로그램

조깅의 실시 방법과 그 운동 프로그램을 설명하면 다음과 같다. 우선 자세는 지면과 수직이 되는 상태로 무릎을 들어 올려 보폭을 크게 하는 것이 좋으며, 시선은 20m 전방을 향하도록 한다. 에너지의 소모가 많고 근육 경련을 일으키기 쉬우므로 손, 발, 어깨 등의 힘을 빼고 달린 일반적인 목표심박수는 분당 약 140~170회 정도인데 운동 초기의 당뇨병 환자의 목표심박수는 이보다 낮게 하여 실시한다.

④ 자전거 타기 프로그램

실내용 자전거 운동은 트레드밀보다 경제적 부담은 적으나 하체 운동에 치우친다는 단점이 있다. 우선 근육의 긴장을 풀고 상체의 움직임을 가급적이면 줄인다.

최고심박수의 약 40~60% 수준으로 목표심박수를 정하고, 본운동에 잘 적응할 수 있도록 5분간의 준비운동을 실시하고 운동이 끝난 후 정리운동도 반드시 실시한다.

⑤ 수영 프로그램

수영을 할 때 운동강도는 당뇨병 환자 자신에게 맞게 조절하며 목표 시간이나 거리에 미치지 못하더라도 점차적으로 달성할 수 있도록 한다. 수영의 실시 방법과 단계별 운동 프로그램은 다음과 같다. 제1단계로는 수심이 얕은 곳에서 각종 놀이를 통해 물에 적응하도록 하고, 제2단계에서는 허리 정도의 수심에서 뜨기, 가라앉기, 물에 떠서 나아가기 등을 하면서 물에 익숙해지도록 한다. 제3단계에서는 발로 물을 차거나 손으로 물 긁기를 하여 몸을 앞으로 나아가게 하는 방법을 터득한 후 초보적인 영법을 연습해 본다. 제4단계에서는 각종 영법의 기본동작을 연습하여 평영 → 자유형 → 배영 → 접영 등의 순서로 익혀 나간다.

(5) 운동 효과

당뇨병 환자의 당 대사를 개선시키기 위해서 운동을 어떻게 적용시킬 것인가에 대한 많은 연구가 되고 있다. 당뇨병 환자의 경우 아침 식사 전에 운동하는 것이 오후 시간에 하는 것보다 훨씬 효과적인데 그 이유는 아침에 혈당 조절이 더 잘 되어 저혈당에 빠질 우려가 적고 인슐린도 적게 증가하기 때문이다. 운동은 인슐린이 증가된 상태에서 하면 그 효과가 반감된다.

(6) 운동 주의 사항

운동은 환자의 건강상태와 연령을 감안해서 알맞게 실시해야 하며, 환자가 육체적·심리적으로 무리한 부담을 가지는 종목은 피해야 한다. 특히 중증의 심장질환, 케톤증 환자는 운동을 삼가야 한다. 또한 고지혈증이 있는 환자도 운동이 도리어 고혈당증을 약화시킬 수 있으므로 혈당을 조절하면서 행하는 것이 좋다. 한편 당뇨병 환자에게 있어서 지나친 운동은 혈당을 심하게 감소시켜 저혈당증을 유발시킬 수 있으므로 운동처방에 근거하여 환자 자신에게 가장 알맞은 운동을 선정하여 규칙적으로 하도록 하는 것이 중요하다.

제 7 장

요통과 운동

중점학습내용: 1. 현대사회에서의 성인병 2. 성인병 운동처방

Key word: 성인병, 요통, 운동처방

1. 요통

요통이란 허리 부위에서 다리까지 광범위하게 나타나는 통증을 말한다. 요통은, 한 가지 질환을 설명하는 특정 용어가 아니라 요부에 나타날 수 있는 동통 증후군을 광범위하게 표현하는 용어로, 주로 하부요추, 즉 척수신경이 끝나는 제2요추 이하부터 천장관절까지의 범위에서 발생하는 동통을 총칭한다고 할 수 있다. 요통은 발병 기간에 따라 6주 이내에 통증이 완화되면 급성, 12주 이상 통증이 지속되면 만성으로 분류할 수 있다.

일반적으로 요통은 잘못된 자세와 생활 습관으로 인해 요부에 과도한 역학적 부담이 가해지면서 요부 근력이 약해지고 불균형해지면서 관절이 불안정해져 발생한다. 대개 여러 가지가 있지만 대표적으로 직업 요인, 생활 습관 요인, 정신 심리적 요인, 환자 요인으로 나눌 수 있다.

직업 요인으로는 무리한 육체노동, 무거운 물건 들기, 밀기, 끌기, 비틀기 동작, 장시간 앉아 있기, 지속되는 진동에 노출되기, 자신의 직업에 대한 지루함이나 불만족 등이 있다. 생활 습관 요인에는 연령, 노화, 고도의 척추측만증, 흡연, 잘못된 생활 자세 및 운동 습관, 운동 부족 등이 있다.

정신 심리적 요인으로는 스트레스, 불안, 피로감, 우울 등이 있고, 환자 요인으로는 과도한 비만, 지나치게 큰 신장 등이 있다.

2. 요통 증상

① 허리를 펴거나 뒤로 젖히면 통증이 심해지는 후관절 통증

② 허리를 삐끗했을 때 나타나는 추간판 통증

③ 무릎 아래까지 통증이 찌릿찌릿 퍼지는 방사통

④ 허리의 이상이 엉덩이나 넓적다리의 통증으로 나타나는 전이통

⑤ 종아리에 뻐근한 통증이 느껴지는 파행

3. 요통과 운동

1) 걷기는 처음에는 매일 아침 10~20분가량 산책하는 것이 좋고 이렇게 4주 정도 계속한 뒤에는 일주일에 10분 정도씩 운동 시간을 늘려나간다. 조깅은 요통 환자에게 좋지 않다.

2) 물속걷기는 효과를 극대화하기 위해 1단계에선 몸을 가슴까지 물에 잠그고 25m 구간을 왕복하며, 2단계에서는 오른손을 어깨 위로부터 뒤쪽으로 돌리고 그 오른손에 아래로부터 올린 왼손을 잡는다.

3) 벽 밀기 운동은 벽에 두 손바닥을 대고 한쪽 발을 최대한 뒤로 뺀 채 다른 발을 앞쪽에 둔다. 팔꿈치를 굽혀 상반신을 벽에 가까이 댄 상태에서 뒷다리를 쭉 편다. 이때 발뒤꿈치가

바닥에서 떨어지지 않도록 한다. 이런 동작을 하루 15~20회 정도 실시한다.

(1) 운동 종류

① 윌리엄 운동

요부의 전만곡을 감소시키기 위해 주로 굴곡 운동으로 구성되어 있으며, 복부 근육을 강화해 척추 후관절에 가해지는 체중부하를 감소시키고, 척추 주위근의 신장을 통해 유연성을 증가시킨다.

척추간공과 척추 후관절의 확장으로 인해 신경에 가해지는 압박을 감소시키고, 고관절 굴근과 요부 신전근을 스트레칭하며, 복근과 둔근의 근력 향상에 효과가 있다.

윌리엄 운동은 천천히 윗몸일으키기, 무릎 구부려 가슴 펴기, 무릎 펴고 앉아 허리 굽히기, 쪼그려 앉고 일어서기 등이 포함된다.

② 요부안정화운동

요부안정화운동은 요부의 안정성에 관여하는 근육의 발달을 통해 요통을 치료하고자 하는 운동이다. 능동적인 운동을 통하여 복직근, 복횡근, 내복사근, 외복사근의 발달과 조절을 통해 복강내압을 강화함으로써 복압을 증가시켜 복부의 내부장기를 지지하고 보호하며 척추의 안정성을 높여준다.

요부안정화운동은 운동감각신경의 고유수용기 바이오피드백에 의해 요부의 정적·동적 안정성과 고정성을 제공하고 척추 분절 간의 결합력을 높인다.

이는 척추 주위근과 골반, 복부 주위근의 정상적인 고유수용기와 운동감각신경의 통합작용을 하여, 동작 수행 시 장시간 고정적인 자세를 유지할 수 있도록 근력과 지구력을 포함한 근육신경계 시스템을 향상시킨다.

요부안정화운동은 만성 요통환자들의 근력과 유연성 향상, 통증 완화, 요부의 관절가동범위 증가, 척추 전체의 굴곡가동범위 증가 등에 효과가 있어 만성 요통환자들의 통증 완화와 재발 방지에 효과적인 운동방법으로 적용할 수 있으며, 아급성기 요통환자의 기능 개선에도 도움이 된다.

③ 맥켄지운동

요통이 발병되면 허리통증으로 인해 체간을 구부리게 되어 의도적으로 허리를 펴지 않는 한 척추신전의 기회가 적으므로 척추신전 운동이나 신전 자세를 유지하는 것은 중요하다.

맥켄지운동은 감소된 요부의 만곡을 개선하기 위하여 주로 요부를 신전시키는 운동 동작 4가지(엎드려 양팔을 몸 옆에 붙이고 머리는 한쪽으로 돌리기, 양 팔꿈치로 지탱하여 엎드려 누운 자세에서 허리 젖히기, 코브라 자세로 엎드려 누운 자세에서 팔을 펴기, 서서 허리 젖히기)와 굴곡운동 2가지(바로 누운 자세에서 허리 구부리기, 앉은 자세에서 허리 구부리기)의 6가지 동작으로 구성되어 있다.

１ 엎드려 누운 자세 유지하기
２ 엎드려 누운 자세에서 허리 젖히기
３ 엎드려 누운 자세에서 팔굽혀 허리 젖히기

④ 바로 선 자세에서 허리 젖히기

⑤ 바로 누운 자세에서 허리 구부리기

⑥ 앉은 자세에서 허리 구부리기

⑦ 운동효과 판정

4. 추간판 탈출증과 요추 염좌

우리 인체의 척추는 7개의 경추, 12개의 흉추, 5개의 요추, 5개의 천추, 4개 혹은 5개의 미골로 이루어져 있다. 각각의 뼈는 목, 등, 허리 부분에서 각각의 기능과 충격을 완화하기 위해 만곡을 형성하고 있다. 통계에 따르면 인류의 80%는 일생 동안 한 번 이상의 요통을 경험한다고 할 정도로 요통은 그만큼 우리 주위에서 흔히 볼 수 있는 질병으로 그 원인과 치료방법, 예방법 등에 관심을 기울일 필요가 있다.

요통의 원인은 여러 가지가 있는데, 그중 흔히 볼 수 있는 것이 허리 인대와 근육의 손상에 의한 요추부 좌상 및 요추 염좌와 추간판이 탈출되어 신경을 압박하고 있는 추간판 탈출증이며, 그 외 만성적인 나쁜 자세 증후군, 선천적으로 약한 허리, 종양, 골다공증, 척추 결핵, 심장과 내장의 질환, 허리근육의 약화, 노이로제 등 심리적인 문제를 포함하여 여러 가지가 있다.

1) 추간판 탈출증

척추는 추간판에 의해서 분리되어 있다. 추간판은 일종의 연골로서 지우개와 같은 정도의 강도와 탄력성을 갖는다. 이것은 몸을 앞으로 구부리거나 뒤로 젖히고 옆으로 굽힐 때 움직임을 허용하며 뛰거나 뛰어오를 때의 충격을 완화하는 쿠션 역할을 한다.

섬유륜은 많은 층으로 되어 있기 때문에 추체와 추체를 강하게 유지하고 추간판의 수핵 주위를 완전히 에워싸고 있다. 섬유륜은 어느 정도 늘어날 수 있기 때문에 추체에 압박을 가해도 단연 되지는 않고 척추를 구부려도 끊어지지 않지만 옆으로 비틀게 되면 허용 범위를 넘게 될 경우 끊어지게 된다. 외층이 내층보다 먼저 끊어지게 되어 단열이 심하게 되며, 특히 추간공에 가까운 부분의 섬유륜은 얇고 약하기 때문에 이 부분의 단열이 심하다. 추간판의 섬유륜이 찢어지고 섬유륜의 중심에 있는 수핵에 압박이 가해지게 되면 수핵은 중심부에서 찢어진 곳으로 이동하게 되어 신경이 들어 있는 척추관 속으로 들어가게 됨으로써 신경근이나 신경이 분포된 척추관 속의 조직들을 자극하여 통증을 일으키게 되는 것이다.

(1) 추간판 탈출증의 원인

추간판 탈출증은 디스크 수핵에 변성이 생기면서 30~40대에 많이 발생하지만 근래에는 10대와 20대에서도 그 발생빈도가 높아지고 있다. 디스크 수핵은 삼투압에 의해서 영양분을 공급받는데, 운동이 부족한 경우 척추 주변 근육을 약하게 할 뿐 아니라 디스크 수핵 내의 수분을 유지하는 것에도 영향을 미친다.

또한 과격한 운동이나 한쪽 방향으로만 치우치는 움직임은 척추 주변 근육을 비대칭적으로 발달시켜 척추에 나쁜 영향을 줄 수 있다. 또한 굽이 높은 구두를 자주 신는 등 자세에 문제가 있는 경우나 종양, 류머티즘 관절염, 골다공증, 신경성 노이로제 등의 질병으로 인해 척추 주변 조직의 변성을 가져와 추간판 탈출증의 원인이 된다.

(2) 추간판 탈출증의 증상

추간판이 탈출하여 수핵이 척추관이나 추간공에 도달하면 그 부위의 조직에 압박과 자극을 가하게 되어 통증과 기능장애를 일으키게 된다. 신경근이 압박되면 압박된 신경의 지배하에 있는 부위는 통증을 느끼거나 기능에 장애가 오며, 디스크가 돌출하여 신경근을 압박하면 요통과 함께 다리에 통증이 온다. 주로 엉덩이와 허벅지, 종아리에 통증이 오고 경우에 따라서는 허리는 전혀 아프지 않고 다리 쪽만 아플 수도 있으며 좀 더 심해지면 발가락까지도 통증이 온다. 어느 한쪽 다리에만 통증이 오는 것이 대부분이지만 디스크의 탈출이 중심에서 일어나면 양쪽 다리가 아프거나 번갈아 가면서 아프기도 한다.

디스크가 탈출하게 되면 바로 누워서 무릎을 편 채 다리를 들어 올리기가 어렵다. 또 통증이 발생하면 이것을 피하기 위해서 자세를 옆으로 비트는 경향이 있는데 이로 인해 요추측만증이 발생하기도 한다. 무릎으로 가는 신경근이 압박을 받으면 무릎에서 다리로 뻗는 힘이 약해져서 걸을 때 순간적으로 절뚝거리며 무릎관절의 건반사가 약해진다. 디스크의 허리 아래쪽으로 갈수록 발 아래쪽에서 증상이 나타난다.

신경근이 갑작스럽게 압박되거나 당겨질 때 감각마비가 동반되지 않은 통증을 일으키지만 만약 장기간 동안 신경근이 압박되거나 당겨지게 되면 감각이상까지도 느낄 수 있다.

(3) 추간판 탈출증의 진단

요통이라고 해서 모두 같은 증상이 나타나는 것은 아니다. 정형외과에 가게 되면 각종 검사를 받고 그에 따라 정확한 진단이 내려진다. 간략하게 검사의 과정을 살펴보면 다음과 같다. 의사는 통증 부위와 정도, 통증이 생기기 시작한 시기 등 환자가 이야기하는 증상을 간단히 듣는다. 다음에 전신 또는 국부진찰을 한다. 촉진, 즉 손으로 만지거나 누르면서 척추와 근육상태를 조사한다. 그 외에 몸이나 무릎을 굽혔다 펴거나 엎드리는 동작, 한쪽 다리로 서기 등 가벼운 운동을 할 때에 이상이 없는지 등을 여러 각도에서 테스트한다. 이 방법으로 요추부 외에 하체, 다시 전체에 어떤 장애가 있는지를 판단한다. 이 과정에서 대략의 병세가 확인되어 병명을 알 수 있게 된다. 그래도 진단하기가 어려울 때에는 그다음이 X선 검사다. 정형외과를 찾는 사람은 뼈의 이상이 대부분이다. 뢴트겐 사진 촬영을 하면 이상이 발견되기도 한다. 몸의 정면과 측면, 양쪽에서 촬영한다. 경우에 따라서는 좌우 비스듬한 위치에서 촬영하거나 몸을 뻗었을 때의 상태 촬영도 함께 한다. 이 과정은 뼈를 검사하는 것과 같은 방식으로 척수나 척수신경, 추간판 등에 대해서도 검사할 수 있다. 조영제를 주입하여 척수관 내부나 추간판에 이상이 없는지를 조사하기도 한다. 이것을 척수 조영, 추간판 조영이라 부른다. 이 밖에 혈액이나 요검사, CT(X선 컴퓨터 단층촬영)검사나 MRI(자기공명화상)검사, RI(방사성 동위 원소를 주입하여 체내에서 밖으로 방출되는 방사선을 촬영)검사 등 최신 기기 검사도 필요에 따라 병행하여 실시한다. 이러한 검사 결과를 종합하면 정확한 진단이 내려진다.

(4) 추간판 탈출증의 예방과 치료

① 예방법

오래전부터 요통을 예방하는 데는 운동이 좋다고 알려져 왔으며, 최근에는 예방뿐만 아니라 치료와 재발 방지를 위해서 반드시 운동해야 하는 것으로 인식되고 있다. 운동의 내용으로는 신체적 유연성과 근육의 긴장도를 개선하고 허리근육을 강화시키는 종목이 좋다. 요추의 지지조직으로서 중요한 역할을 하고 있는 배근과 복근, 하지근육을 강화시킴으로써 요통을 예방할 수 있다. 확실한 원인이 밝혀지지 않는 요통(추간판에 병리학적 소견이 없는 경우)에 대하여서는 요통체조가 효과적일 수도 있다. 요통체조는 요복부의 근력을 트레이닝 하는 몇몇 종류의 유연체조를 결합한 것이다.

② 치료법

신경학적 검사나 그 외의 여러 검사에 의해서 추간판 탈출증이라고 진단이 내려지면 거기에 맞는 적절한 치료가 진행되어야 한다. 추간판의 탈출로 인해 신경이 압박되어 허리나 다리에 통증이 있을 때 통증만 해결되는 것으로는 완전한 치료를 하였다고 할 수가 없다. 추간판 탈출의 원인을 찾아서 해결하지 않으면 어떠한 방법으로 치료한다고 해도 다시 재발할 확률이 높다. 운동요법은 단기간에 그 효과가 나타나는 것이 아니고 적어도 2~3개월은 지속되어야 하기 때문에 예방과 재발을 방지하기 위해서는 운동을 평생 한다는 생각으로 생활의 일부분으로 습관화시키는 것이 좋다. 요통 환자가 운동하는 목적은 신체적 유연성을 증가시키고 근육의 긴장도를 해소하며 허리근육의 힘과 복근을 강화시켜 증가된 복압으로 요추와 천추의 각도를 정상적으로 유지하게 하고 잘못된 자세를 교정하는 데 있다. 운동이 좋다고 해서 남이 하는 것을 무분별하게 따라서 하거나 무리하게 하는 것은 오히려 역효과가 날 수 있으므로 운동을 선택할 때 주의할 필요가 있다. 또 요통 환자에게 좋다고 소개되는 운동이 모든 환자에게 다 적용되는 것은 아니기 때문에 환자는 운동을 시작하기 전에 전문가와 상의하여 자신의 체형과 운동의 수준을 판단하는 것이 필요하다. 일반적으로 볼 때 좌우의 균형이 맞는 운동은 요통 환자들에게 도움이 된다. 그러나 한쪽으로 치우치는 운동, 예를 들면 골프, 볼링, 테니스, 탁구 등은 요통을 일으킬 수 있는 가능성이 많으므로 요통환자는 피하는 것이 좋으며, 경쟁적인 스포츠는 자칫 무리한 동작으로 이끌 우려가 있기 때문에 삼가는 것이 좋다. 추간판 탈출증을 치료하기 위한 보존적 치료법을 제시하면 다음과 같다.

가) 척추교정술(카이로프락틱)

척추교정술은 맨손으로 치료 행위를 하는 손 기술로 척추교정요법을 말한다. 이 척추교정술은 인체의 골격 구조, 특히 척추, 골반에 나타나는 구조 이상, 척추 부정렬, 전위 때문에 신경장애를 일으키고 있는 부위를 맨손 교정에 의해서 정상화하고 신경생리기능의 회복을 도모하여 건강 증진에 이바지하는 치료법으로 발전시켜 왔다. 척추교정술에서 가장 중요하게 여기는 것이 바로 추간공이다.

나) 요추견인술

견인은 허리근육을 수동적으로 늘리는 방법이다. 견인방법에는 여러 가지가 있는데 가장 간단한 방법으로는 바로 누운 자세에서 고관절과 무릎관절을 구부려 발을 작은 의자 위에 올려놓고 발 밑에는 베개를 넣는 방법이 있다. 급성 요통이 왔을 때는 이러한 자세가 통증을 경감시키는 데 도움이 된다. 최근에는 양팔이나 양발로 매달려 자신의 체중을 요추에 대한 견인의 힘으로 작용하게 하는 방법이 사용되고 있다. 이 요추견인술은 탈출된 수핵이 디스크 내로 다시 되돌아가는 효과를 거둘 수 있다는 장점이 있으나 짧은 시간 보조적으로 사용하는 것이 바람직하다.

다) 물리치료

▶ 초음파 치료

1초에 100만 사이클이 넘는 진동을 일으키며 이것이 심부 조직 층에 전파되어 조직액을 유입시키기도 하고 유출시키기도 하며 조직을 신장시켜 통증을 경감시킨다. 초음파 치료는 큰 감각 섬유를 자극하여 작은 감각신경으로 전달되는 통증을 감지할 수 없게 하는 원리이다.

▶ 경피적 전기자극요법

이 방법은 피부 표면에 붙인 전극을 통하여 신경에 전류를 보내는 것으로 동양의 침술과 비슷한 방법이다. 단지 침술처럼 침이 몸 속으로 들어가지 않고 전류로 신경을 자극하는 차이가 있다. 고주파는 굵은 신경섬유를 자극하여 가는 신경섬유를 통해 전달받은 통증의 감지를 줄인다. 저주파는 엔도르핀의 분비를 증진시켜 통증을 감소시킨다.

▶ 간섭파 치료

이 방법은 경피적 전기자극요법과 거의 같은 원리로 통증을 경감시켜 준다. 네 개의 전극을 X형으로 피부 표면에 부착하여 두 개씩 각각 다른 주파수로 연결된다. 이 전극이 통증이 있는 부위를 통과할 때 간섭이 이루어져 통증을 경감시킨다.

▶ 찜질

찜질은 신체 부위에 염증이 생겨 통증이 있을 때에 얼음 또는 온수를 이용하여 통증과 부종을 경감시키는 방법이다. 허리에도 마찬가지로 이 방법이 적용된다. 냉찜질은 허리에 통증이 급성으로 와서 부풀어 오른 허리를 치료할 때 사용한다. 얼음을 비닐 용기에 넣어 20~30분간 허리에 대는 것보다는 얼음으로 천천히 피부를 상하로 부드럽게 문지르는 것이 좋다. 냉찜질을 함으로써 붓는 것을 방지하고 근육의 긴장을 제거하여 통증을 완화시킨다. 이때 냉찜질은 15분 이상 지속하지 않는 것이 좋으며 동상에 주의해야 한다.

통증이 발생한 지 2~3일이 지나면 그때부터는 온찜질을 하도록 한다. 염증은 자극을 받고 있는 조직에 조직액을 고이게 하기 때문에 환부에 열을 가하여 혈액순환을 증진시킴으로써 산소 공급을 증가시켜 근육의 긴장을 감소시키고 고여 있는 조직액을 배출시킨다. 또한 열은 굵은 신경섬유를 자극하여 통증의 감지를 줄이게 된다. 이때 화상에 주의하고 말초혈관 장애가 심하거나 감염성 피부질환이 있는 사람, 악성 종양이 있는 사람은 온찜질을 피하는 것이 좋다.

2) 요추 염좌

일반적으로 염좌는 관절을 둘러싸고 있는 혈관, 인대, 건 등이 늘어났다거나 찢어진 상태를 말하는데 이것이 여러 가지 원인에 의해서, 특히 요추 부위에 발생된 것을 '요추 염좌'라고 한다. 요추 염좌는 주로 허리 부위에 물리적·기계적으로 스트레스가 가해지거나 평상시 올바른 자세의 유지를 하지 않았을 경우 그리고 만성적인 운동 부족 등으로 인해 허리근육이 약화되면서 그 증상이 나타난다. 무거운 물건을 갑자기 들어 올릴 경우, 허리인대와 근육의 손상이 있게 되어 급성 요추 염좌가 올 수도 있다.

(1) 요추 염좌의 원인

요추 염좌는 무리하게 무거운 물건을 갑자기 들었을 경우와 영양 섭취의 이상, 운동 부족, 만성적인 스트레스 등 여러 가지 원인으로 인하여 허리가 약해짐으로 인해 자주 발생한다. 요추 염좌가 발생하면 허리가 뻐근해짐과 동시에 불편해지고 몸을 똑바로 펴지 못하게 되며 경우에 따라서는 그 통증이 너무 심하여 꼼짝도 못 할 때가 있다.

(2) 요추 염좌의 분류

관절 부위에 외부로부터 무리한 힘을 가해 뼈마디 둘레의 막이 상하여 붓고 아픈 상태가 되는 염좌는 허리에서도 종종 발생하여 이를 요추 염좌라고 하는데 크게 급성과 만성으로 구분할 수 있다.

① 급성 요추 염좌

무거운 물건을 들어 올릴 때, 삽으로 구덩이를 팔 때, 길거리에 파인 웅덩이에 걸려 넘어질 때, 경미한 교통사고 등으로 인해 생길 수 있는 급성 요추 염좌는 초기에 잘 치료하지 않으면 추간판 탈출증이나 척추관 협착증으로 발전될 가능성이 있다.

② 만성 요추 염좌

만성 요추 염좌는 허리에 여러 가지 복합적인 요인에 의하여 물리적 · 기계적으로 스트레스가 가해져서 오는 것이다. 이는 자세가 나쁘거나 운동 부족으로 인한 허리근육의 약화로 증상이 나타나며 주로 35세 이후에 많이 발생한다. 보통 만 35세를 지나면 힘줄과 인대들이 탄력을 잃고 점차 섬유질화되어 경직된다. 35세 이전에는 척추의 힘줄과 인대가 탄력성이 풍부하고 튼튼하므로 일상생활에서 무거운 물건을 드는 일을 할지라도 허리에 이상을 가져오는 경우가 드문데, 나이가 들수록 척추의 허리 관절들도 변성을 일으켜 비후성 골관절염으로 허리가 더욱 약해지는 경우가 생긴다. 변비, 과로 등도 만성 요추 염좌의 원인이 된다.

③ 요추 염좌의 증상

급성 요추 염좌는 다치자마자 즉시 허리가 뻐근해지고 불편하며 몸을 똑바로 펴지 못하거나 통증이 너무 심하여 꼼짝도 못 할 때도 있다. 대부분의 급성 요추 염좌는 허리가 어딘가 모르게 불편하며 어느 한쪽의 통증이 심한 것이 보통이다. 한편, 여러 원인으로 인하여 약해진 허리에 무리한 스트레스가 만성적이고 반복적으로 가해짐으로써 오는 요통이 만성 요추 염좌인데, 증상은 엉덩이 부분, 허리 부분 등이 아픈 듯 뻐근하고 불편하며 몸이 피곤하고 허리가 묵직하게 느껴진다.

조금 누워서 쉬면 편해지나 움직이거나 앉아 있으면 불편함이 느껴지는데 이는 허리근육 가운데 부분이 굳어져 혈액순환이 제대로 이루어지지 않으므로 생기는 증상이다.

④ 요추 염좌의 진단

요추 염좌는 앞쪽의 디스크 수핵을 둘러싸고 있는 질긴 섬유 테가 찢어지거나 그 디스크를 포함하여 척추를 둘러싸고 있는 종렬인대가 조금 손상되는 경우와 뒤쪽의 척추관절이 삐는 경우와는 약간의 차이가 난다. 척추의 앞부분인 디스크 구성성분 쪽이 염좌되면 나중에 추간판 탈출증의 후유증이 생기고, 척추의 뒷부분인 척추 사이 관절 구성성분 쪽이 염좌되면 나중에 척추관 협착증의 후유증이 생길 수 있다.

요추 염좌가 허리근육의 섬유들이 눈에 보이지 않을 정도로 상한 상태일 수도 있으며 척추의 뼈와 뼈를 연결하는 그리고 척추에서 골반 등 다른 부위와 연결하는 인대들의 부분 염좌일 수도 있는데, 이때는 나중에 비교적 후유증이 가벼운 것이 특징이다.

⑤ 요추 염좌의 예방과 치료

요추 염좌는 역학적인 요인에 의해서 오는 경우가 많이 있기 때문에 치료도 역학적인 방법으로 하는 것이 중요하다. 즉, 요추의 경우에 있어서도 순간적으로 가동범위를 넘거나 원래의 운동 방향과

다르게 움직여서 통증이 발생할 때 그 요추를 제자리로 보내면 통증이 사라진다. 인체는 신경 계통이 본연의 기능을 발휘하면 자연치유력이 발동하여 외부로부터의 침입에 대항하려는 기전이 작용한다. 따라서 문제가 생긴 추골을 제자리로 복원시켜 신경의 흐름을 정상화시키면 요추 염좌는 치료가 된다. 특히 급성 요추 염좌는 얼음찜질을 곁들이면 통증을 빨리 경감시키는 데 도움이 되며, 1~2주 성실히 치료받으면 급성 요추 염좌로 인한 상처는 잘 낫게 되는데 치료를 게을리하고 무리하면 나중에 추간판 탈출증으로 발전할 수도 있다.

3) 운동 프로그램

골반은 우리 몸의 자세를 유지하는 데 매우 중요하며, 골반의 위치가 잘못되면 그만큼 요통은 많이 발생하게 된다. 허리운동은 주로 골반의 전·후·좌·우 경사를 바로잡고 그것을 유지하기 위한 프로그램으로 구성된다. 허리운동을 하기 위해서는 자신의 체형을 먼저 알고 있어야 자신에게 유익한 프로그램을 선택하여 운동할 수 있다. 본 장에서 소개되는 운동은 허리에 대한 불안을 없애는 것뿐만 아니라 체력을 강하게 하고 운동을 습관화하여 요통의 재발을 막고 예방하는 데 많은 도움이 될 것이다.

요통환자들을 위한 운동에 사용되는 기계는 특별히 고안·제작된 것으로 무게를 자유롭게 조절할 수 있으며 여러 개의 도르래가 사용됨으로써 통증이 심한 환자나 노약자에게도 전혀 무리 없이 사용할 수 있게 되어 있다.

(1) 요추 전만증 치료를 위한 운동

① 무릎을 편 상태로 누웠다가 일어나기

양손으로 상단 추 고리에 걸린 손잡이를 잡는다. 양발은 기계 하단 전면에 있는 손잡이에 붙인다. 양팔을 곧게 펴고 체중으로 추를 당기며, 무릎을 굽혀서 천천히 바닥에 앉아 등이 바닥에 닿도록 눕는다. 이때 상체를 다시 일으켜야 하는데 바닥에 등이 닿아 있는 시간이 길면 일어나기 힘들기 때문에 등이 바닥에 닿는 순간의 반력과 추의 무게를 이용하여 팔과 무릎을 곧게 편 상태로 상체를 일으킨다. 추의 무게는 통증과 체중을 고려하여 조절할 수 있지만, 약간 무거운 듯한 것이 운동효과와 치료에 더욱 도움이 된다. 약 10~15회 정도 반복 실시한다. 처음에는 이 동작이 쉽지 않지만, 조금만 반복하면 재미도 있고 요추전만을 해결하는 데 매우 유익하다.

② 다리 걸어 내리기

상단 추 고리에 걸린 띠를 한 손으로 잡고 바닥에 앉아 머리가 기계 쪽을 향하도록 하여 위를 보고 똑바로 눕는다. 양손으로 띠를 잡아 몸쪽으로 당기고 양발을 구부려 띠 안으로 뒤꿈치부터 완전히 넣어서 빠지지 않도록 한다. 양손은 머리 위에 있는 손잡이를 잡는다. 양 무릎을 곧게 편 채로 추를 잡아당겨 발이 바닥에 닿을 때까지 내림과 동시에 양발에 힘을 빼고 추의 진행에 몸을 맡겨 엉덩이가 바닥에서 들릴 정도로 다리를 위로 올린다. 추의 무게와 바닥에 붙어 있는 상체로 인해 요추전만증이 감소된다. 추의 무게는 가볍게 시작해서 운동요령을 터득한 후 점진적으로 늘려간다. 약 10~15회 정도 반복 실시한 운동 중 무릎을 편 자세가 유지되도록 하는 것이 중요하다.

③ 무릎 꿇고 앉아 당기기

양손으로 상단 추 고리에 걸린 손잡이를 잡고 바닥에 무릎을 꿇고 앉는다. 양팔은 곧게 편 채 체중으로 추의 무게를 당기며 엉덩이를 뒤꿈치에 닿도록 앉으면서 팔을 가슴까지 잡아당긴다. 다음은 팔을 곧게 펴고 추 이동에 따라 몸을 곧게 펴서 처음의 무릎을 꿇고 앉은 자세로 돌아간다. 이 운동은 팔로 추를 잡아당기는 것이 목적이 아니고 등과 허리의 근육을 신장시키며 척추의 정렬을 바르게 하는 데 그 목적이 있다. 약 10~15회 정도 반복 실시한다.

④ 다리 펴고 앉아 발목으로 당기기

기계 하단에 걸린 손잡이를 잡고 기계로부터 적당한 거리를 두고 떨어져 다리를 곧게 펴고 앉는다. 손잡이를 발등에 걸고 양손은 허리 뒤의 바닥을 짚고 몸을 지탱한다. 발목으로만 추를 잡아당기고 이때 무릎이 바닥에서 떨어지지 않도록 주의하며 약 10~15회 정도 반복 시행한다.

⑤ 다리 벌리고 앉아 당기기

기계 하단에 걸린 손잡이를 잡고 기계로부터 적당한 거리를 두고 떨어져 양다리를 옆으로 벌리고 앉는다. 팔은 곧게 편 채 허리와 등의 근육으로 추를 잡아당겨 상체를 곧게 편 다음 팔로 손잡이를 가슴까지 잡아당긴다. 다음은 팔을 곧게 펴고 추를 향해 상체를 숙일 수 있을 때까지 숙인다. 약 10~15회 정도 반복 실시한다.

⑥ 다리 밀어 올리기

기계 하단 손잡이에 엉덩이가 닿도록 거리를 조절하고 위를 보고 똑바로 눕는다. 양 발바닥을 추에 걸린 손잡이의 꺾인 부분에 대고 위로 밀어 올린다. 약 10~15회 정도 반복 실시한다.

⑦ 팔로 밀어 올리기

기계 하단 손잡이에 머리가 닿도록 거리를 조절하고 위를 보고 똑바로 눕는다. 요추의 전만을 줄이기 위해 양 무릎을 세우고 발바닥을 바닥에 댄다. 손잡이를 잡은 양팔의 간격은 체격에 따라 조절한다. 요추 전만증이 있는 사람은 대부분 흉추가 뒤로 둥글게 구부러지는데, 이 운동은 뒤로 나온 흉추의 정렬을 바로잡아 요추의 전만을 줄이는 데 도움이 된다. 약 10~15회 정도 반복 실시한다.

⑧ 윗몸일으키기

기계 하단 손잡이에 발목을 걸고 위를 보고 똑바로 눕는다. 양 무릎은 구부려 세우고 양손은 깍지를 끼고 목 뒤에 댄다. 허리를 위아래로 움직이지 말고 복근의 힘으로만 상체를 일으킨다. 복근이 약한 사람은 목 뒤에 깍지 낀 손을 풀어서 양 허벅다리를 잡고 일어난다. 다시 누울 때는 요추의 전만을 줄이기 위해 완전히 눕지 않고 30°~40°까지만 누웠다가 다시 일어난다. 이때 억지로 일어나기 위해 몸을 좌우로 흔들거나 엉덩이를 들어서 반동을 이용하지 않도록 주의한다.

4) 요추 후만증 치료를 위한 운동

(1) 매달리기

양손을 어깨너비만큼 벌려서 기계 상단에 고정된 손잡이를 잡는다. 양발을 뒤로 쭉 빼서 발가락 끝이 바닥에 닿게 무릎을 굽혀 조절한다. 허리를 최대한 앞쪽으로 내민 동작을 약 10~15초 정도 실시한다.

(2) 엎드려서 무릎 굽혀 당기기

하단 추 고리에 걸린 띠를 발목에 걸고 기계로부터 적당한 거리를 두고 양팔의 전완을 바닥에 대고 엎드린다. 이때 가슴이 바닥에 닿지 않도록 잡아당겼다가 추를 따라 하퇴를 곧게 펴서 시작 자세로 간다. 약 10~15회 정도 반복 실시한다.

(3) 엎드려서 다리 펴 위로 들기

무릎과 팔을 펴고 가슴이 바닥에 닿도록 엎드린다. 가능한 한 팔과 다리를 쭉 펴고 위로 들어 요추가 안으로 휘는 자세를 만든다. 이 운동은 대둔근과 척추 기립근의 발달에 효과적인 운동이다. 약 10~15회 정도 반복 실시한다.

제 8 장

비만과 운동

중점학습내용: 1. 비만의 정의 2. 비만의 판정기준

Key word: 비만, 체중, 체질량지수

1. 비만의 정의

비만이란 주로 체내의 피하에 지방이 과잉 저장 및 축적된 상태를 말하는데, 일반적으로 에너지 섭취량이 에너지 소비량을 초과하여 초과된 에너지양이 체지방으로 피하 등의 조직에 침착됨으로써 일어나는 체중의 이상증가 현상이다.

일반적으로 비만(Obesity)이라고 하는 것은 살이 찐 것을 뜻하지만, 정확히 말하자면 체내에 축적된 지방량이 정상수치보다 많은 상태를 의미한다. 보통 인체의 지방량은 남자의 경우 약 15% 전후, 여자는 약 25% 전후 정도가 정상수치라 할 수 있는데, 이보다 많은 양의 지방이 체내에 축적되어 있는 경우를 우리는 그 정도에 따라 '과체중' 또는 '비만(Obesity)'이라고 규정한다.

이 비만은 고혈압, 동맥경화, 당뇨병, 퇴행성 관절질환 등의 성인병을 유발하는 대표적인 위험요인 중의 하나이다. 또한 비만인 사람은 정상체중인 사람에 비해 상대적으로 사망률이 높은데, 이는 비만상태 그 자체가 안정 시 혈압의 상승, 혈중지질 농도의 증가, 몸에 유익한 고밀도 지단백 콜레스테롤(HDL-C)의 감소 등으로 인한 심혈관계의 질환 발병에 원인이 되기 때문이다.

비만의 예방 및 치료는 식이요법, 행동수정요법, 운동요법 등을 결합하여 실행함으로써 효과를 얻을 수 있는데, 이 중 운동요법의 효과가 가장 이상적이다. 그 이유는 운동으로 신체 활동량을 증가시킴으로써 소비 칼로리를 높이게 되면 혈중지질, 혈압, 기분, 태도 등에 좋은 영향을 주게 되어 결국 부작용 없이 비만을 예방·치료할 수 있기 때문이다.

2. 비만의 판정 기준

비만의 기준을 정하는 일은 반드시 필요한 일임에도 불구하고 정확하게 측정하기가 쉽지 않다. 일반적으로 과체중은 질병의 빈도가 높아지는 시점을 말하며, 표준체중을 20% 이상 초과한 경우를 뜻한다. 따라서 비만은 체중이 표준체중 수치 이상으로 늘어남에 따라서 체지방의 양이 증가하여 지방을 환산하는 방법, 총 신체열량을 측정하는 방법, 신체비중을 측정하는 방법 등이 있는데 가장 많이 이용되는 방법은 신장과 체중을 이용한 방법과 체지방 측정법이 있다.

1) 신장과 체중을 이용하는 방법

체중을 측정하여 비만을 추정하는 방법은 널리 이용되고 있기는 하지만 체중만으로는 체내 지방량을 정확히 나타내는 것이 힘들고 또한 여러 요인에 의하여 변동이 심하기 때문에 체격과 신장 그리고 체중을 이용한 공식을 이용하는 방법이 고안되어 사용되고 있다.

(1) 체격 이용 방법

비만을 가장 간단히 알 수 있는 방법으로 가슴둘레, 허리둘레, 둔부둘레를 비교하는 방법이 있는데, 이 방법은 사람을 반듯하게 눕히고 배꼽 주위의 허리둘레와 가슴둘레를 측정하여 허리둘레가 가슴둘레보다 클 경우에 비만으로 규정하는 방법이다. 이때 허리와 둔부의 둘레 비를 기준으로 남자가 1 이상, 여자의 경우 0.9 이상일 경우 이를 특별히 중심성 비만으로 판단한다. 허리가 둔부둘레보다 높은 중심성 비만증 환자는 과체중이나 비만의 정도가 낮더라도 지방분포가 국부적이어서 이에 따라 대사이상이 급격히 증가될 가능성이 있다는 것을 시사해 준다. 이 방법은 단순하여 간편성은 있으나 정확히 진단하는 데는 한계가 있다.

(2) 표준체중 간이계산법(Broca 지수)

표준체중 간이계산법은 신장(cm)에서 100을 뺀 수치를 표준체중으로 가정하고 표준체중의 110~120%는 과체중으로, 120% 이상을 비만으로 판정하는 방법이다. 이 방법은 Broca가 서양인을 대상으로 개발하였기 때문에 동양인을 대상으로 할 때에는 0.9를 곱하여 사용하도록 한다.

표준체중={신장(cm)−100}×0.9(kg)

이 Broca식을 수정하여 사용하는 경우에도 신장이 작은 사람에서 정상체중을 비만으로 오진하고, 신장이 큰 사람에서는 비만이 정상으로 오진되는 경향이 있기 때문에 다음과 같이 수정하여 사용한다.

신장 160cm 이하일 때: 표준체중={신장(cm)−105}kg
신장 160cm 이상일 때: 표준체중={신장(cm)−110}kg

(3) 체질량 지수(BMI)

체질량 지수는 가장 널리 사용되는 비만 판정법으로 비만과 높은 상관관계가 있다고 연구되었다. 이 체질량 지수는 체중(kg)을 신장(cm)의 제곱으로 나누어 산출한다.

체질량 지수(BMI)=체중(kg)/신장(m)^2

한편, 산출된 체질량 지수의 수치가 25 이하일 때에는 정상으로, 25~29 사이면 과체중, 그리고 30 이상일 경우 비만으로 정의한다. 이 체질량 지수를 보다 간편하게 알아볼 수 있는 방법으로는 BMI 산출도표를 이용하는 것이다. 체중과 신장 사이를 직선으로 연결하여 비만도 선과 만나는 지점이 체질량 지수이다. 이 방법을 계산하지 않고도 쉽게 BMI를 산출할 수 있다.

(4) Rohler 지수

이 지수는 학교에서 아동의 신체충실지수를 산출할 때 많이 사용하는 방법이다.

Rohler 지수에 의한 비만도의 판정은 그 수치가 140~159일 때를 과체중으로, 160 이상일 때를 비만으로 진단한다.

Rohler 지수={체중(kg)/신장(cm)^3}×10^3×10^4

2) 체지방 측정법

정상체중과 비만의 판정 기준은 다소 임의적이다. 젊은 남자의 정상 체지방 기준치는 대략 15%이며 20% 이상일 때 비만으로 간주하는 반면, 중년 남자의 경우 체지방 기준치는 대략 25%로 30% 이상일 때 비만으로 간주한다. 젊은 여성의 경우는 체지방 비율이 30%일 때 비만으로 간주하고 37%를 한계치로 본다.

(1) 수중체중 측정

수중체중에 의한 %체지방의 계산은 아르키메데스의 원리에 따라 신체밀도를 산출한 다음 공식에 대입하여 값을 얻는다. 이 방법은 %체지방을 정확히 구할 수는 있으나 수온에 따른 물의 밀도 변화, 폐 속에 남아 있는 공기의 측정상의 어려움, 물속에 들어가 체중을 측정하여야 하는 측정방법상의 불편으로 인해 연구 목적 이외에는 사용이 그리 많지 않다.

(2) 피부두겹법

피부두겹법에 의한 %체지방의 산출은 간편한 캘리퍼를 사용하여 신체의 특정 부위의 피하지방 두께를 측정한 다음 %체지방 산출공식 및 도표를 사용하여 계산하는 방법이다. 이 방법은 간편하고 실용적이며 정확하기 때문에 비만도를 진단하는 데 가장 많이 쓰인다. 일반적으로 남자는 가슴, 복부, 대퇴 전면을 측정하고, 여자는 상완삼두근, 상장골, 대퇴 전면 등 각각 세 부위를 측정하여 3회 측정 후 그 평균값을 대표치로 하되 측정치의 오차가 2mm 이상이 되면 다시 측정한다. 측정의 구체적인 결과는 다음과 같다.

① 엄지손가락과 집게손가락으로 측정 부위의 피하지방을 견고
  하게 잡고 서서히 들어 올린다.
② 캘리퍼를 손가락으로 측정 부위의 피하지방을 견고하게 잡고
  서서히 들어 올린다.
③ 피하지방을 견고하게 잡은 후 캘리퍼의 손잡이를 서서히 놓
  는다.
④ 캘리퍼의 손잡이를 놓은 후 1~2초간 0.5mm까지 피하지방
  측정치를 기록한다.

체지방을 통한 비만 판정기준

판정기준	남성(%)	여성(%)
마름	7.0~9.9	14.0~16.9
저지방	10.0~12.9	17.0~19.9
균	13.0~16.9	20.0~23.9
과지방	17.0~24.9	24.0~29.9
비만	25.0 이상	30.0 이상

3. 비만 원인 및 유형

1) 유전적 원인

비만증은 대체로 부모가 비만일 경우나 과식하거나 운동량이 부
족할 경우 나타날 확률이 높다. 한 연구결과에 따르면 부모가 모두
비만일 경우 자식이 비만일 가능성은 약 70%가 넘으며, 부모가 모
두 말랐을 경우에는 자식의 비만 가능성은 10% 내외라는 것이다.
이러한 수치에 따르면 일반적으로 대부분의 비만증 발생은 유전적

인 요인과 상당히 밀접한 관련성을 지니고 있다고 볼 수 있다. 따라서 비만증의 발생원인은 부모에 의한 유전적 요인과 식생활 습관 및 운동 부족 등의 환경적 요인이 상호작용하여 일어나는 것으로 보는 것이 가장 일반적인 견해라고 해석된다.

2) 환경적 원인과 식생활 양식

비만증이 환경적 요인 또는 식생활 양식에 의해 발생한다고 하는 견해는 부모의 식생활 습관을 그대로 답습하는 데서 그 원인을 찾고 있다. 비만한 부모와 동거하는 자녀들은 과식하거나 급하게 식사하는 습관을 그대로 따라 하기 쉬우며, 이러한 식사습관과 같은 환경적 요인이 비만을 일으키는 원인을 제공한다는 것이다. 특히, 하루 중 총 에너지 섭취량이 같다고 하더라도 여러 번에 나누어 섭취하는 것보다 한 번에 많은 양의 음식을 섭취한 경우 더 큰 체중 증가를 유발한다는 것이다. 그 이유는 1회의 과식에 따른 인슐린의 분비 증가로 지방합성이 증가되기 때문이다. 또 비만인의 경우 야간에 집중적으로 식사를 하는 경우가 있는데, 이러한 경향은 남자보다 여자에게서 더 많이 나타난다. 이것은 아침 식사를 간단히 하고 저녁에 회식의 기회를 많이 가지는 현대인의 식생활 패턴에 경종을 울리는 것이라 하겠다.

3) 지방세포설

비만한 성인이 체중을 줄이게 되면 지방세포의 크기는 줄어들지만 지방세포수는 감소하지 않는다.

비만증이 있던 사람이 체중을 감소시킨 후 또다시 에너지 소비의 불균형이 발생하면 언제라도 비만한 사람이 될 수 있음을 의미한다. 지방세포수는 성인인 경우 더 이상 증가하지 않기 때문에 이후에는 에너지 섭취량에 따라 지방세포의 크기가 작아지게 되는데, 작아진 지방세포는 식욕을 조절하는 중추인 뇌의 시상하부를 자극하여 음식을 간절히 먹고 싶어 하게 된다. 이때 의지력 있는 식이 통제를 완벽하게 하지 않게 되면 또다시 비만하게 되는 악순환을 반복하게 되는데 이 현상을 '요요현상'이라고 한다.

4) 운동 부족

신체를 비만하게 하는 직접적인 원인은 무엇보다도 과식하는 식사습관과 섭취한 체내 열량의 불균형한 소비로 볼 수 있는데, 비만인 사람의 섭취 열량을 조사해 보면 정상체중을 가진 사람의 열량보다 많지 않거나 오히려 적은 경우가 있어서 에너지의 과잉섭취보다는 아마도 에너지 소비의 부족이 비만이 발생하는 데 더 심각한 작용을 한다고 생각된다. 연구 결과에 따르면 비만 아동들은 신체활동에 있어서 매우 소극적임을 보여주고 있다.

또 다른 연구에서는 비만한 여고생 집단과 정상체중의 여고생 집단을 비교하였더니 열량 섭취량은 비슷하지만 비만한 집단은 거의 신체활동을 하지 않거나 가벼운 활동만 수행하는 것으로 나타났다. 이러한 사실로 보아 과식보다는 운동 부족이 비만 발생에 더 중요한 요인으로 작용되었음을 알 수 있다. 그러므로 비만증 예방을 위해서는 어릴 때부터 다양한 신체활동에 참여하는 습관을 형성시켜야 하며, 성인이 되어서도 항상 건강한 생활을 영위하기 위해서는 운동의 중요성을 인식하고 운동을 실천하도록 해야 할 것이다.

5) 증후성 비만

증후성 비만은 내분비 계통의 이상으로 인해 생기는 비만인데 전체 비만증의 1% 이하로 비교적 드물다. 비만증을 유발하는 증상으로는 부신피질 호르몬의 과다 분비를 초래하는 쿠싱 증후군을 비롯하여 갑상선 기능 저하증, 다낭성 난소 등이 있으며, 이들 질환은 피하에 지방을 과도하게 축적시켜 비만을 유발하는 특징이 있다. 그러나 이 증후성 비만은 원인을 발견하면 완치가 가능하다.

6) 약물에 의한 비만

대부분의 비만은 에너지 섭취와 소비의 불균형으로 생기지만 몸 안에서의 에너지 이용과 에너지 저장 과정상의 이상으로도 생길 수 있고 약을 많이 복용하여서 생길 수도 있다. 비만증을 일으킬 수 있는 약물의 대표적인 것은 강력한 소염 작용을 하는 스테로이드라고 하는 부신피질호르몬이다. 이 스테로이드는 염증을 억제하는 작용뿐 아니라 신체 내의 지방축적작용을 하기 때문에 장기간 복용하게 되면 점차 비만증을 초래하게 된다. 또한 이 약은 식욕을 왕성하게 하여 음식을 많이 먹도록 한다. 이 외에도 비만을 일으키는 약물로는 신경안정제, 골다공증 치료제인 에스트로겐 등이 있는데, 질병 치료를 위해서 이들 약물을 복용할 때에는 식이요법을 통해 열량 섭취를 줄이고 운동요법으로 에너지 소비량을 증가시키는 등의 조치가 병행되어야 한다.

7) 비만의 유형

비만의 원인이 다양하듯이 비만의 형태에도 여러 가지가 있다. 비만의 유형은 연령에 따라 평생 비만과 성인형 비만으로 분류되며, 신체 비만 부위에 따라 중심성 비만과 말초성 비만, 그리고 성별에 따라 남성형 비만과 여성형 비만, 체형에 따라 상체비만과 하체비만 등으로 분류할 수 있다.

평생 비만은 어려서부터 비만히여 시춘기를 거쳐 성인기에 이르러서도 비만함을 그대로 유지하는 사람으로 몸통과 팔다리가 모두 뚱뚱한 말초성 비만인 것이 특징이다. 이런 경우는 대개 비만의 정도가 심하여 표준체중의 1.5배인 경우가 많다. 평생 비만은 지방세포수가 늘어나고 크기가 커지는 비만이기 때문에 운동으로 체중을 감소시켜 지방세포의 크기가 줄었다 하더라도 지방세포의 수에는 변함이 없기 때문에 체중감소 이전의 비만상태로 돌아가는 요요현상이 나타나기 쉽다.

한편, 대부분의 비만증인 사람은 성인병 비만에 속하는데, 이것은 어릴 때에는 대부분 마르거나 평균체중이었으나 성인기에 이르러 식생활 양식과 운동량의 불균형으로 나타나는 비만이다. 사지는 가늘고 배가 나오는 중심성 비만증을 나타내는 것이 특징인 성인형 비만은 평생 비만에 비해서는 치료하기가 용이하고 재발하는 경우도 드물다.

그러나 복부비만의 경우 다른 피하지방보다 분해가 쉽게 되어 혈중지방농도를 높여 동맥경화를 유발하기 때문에 훨씬 위험하다. 남성형 비만과 상체비만은 유사한 개념으로 배꼽을 중심으로 하여 상체가 하체에 비해 비대한 것이 특징이고, 이에 반해 여성형 비만과 하체비만은 상체보다 하체 부위 특히 엉덩이와 허벅지가 뚱뚱한 경우를 뜻한다.

4. 비만의 문제점

1) 심장병

체중이 증가하면 그만큼 몸의 면적도 커지게 되는데 이는 피의 순환시스템을 좀 더 늘려야만 하기 때문에 정맥, 동맥, 모세혈관 등은 그에 따라 증가되어야 한다. 이러한 체중 증가로 인하여 심장 활동은 더 많은 부담을 갖게 된다.

2) 당뇨병

비만인 사람들은 유전성의 당뇨를 예방하는 데 불리하다. 부모가 당뇨병에 걸렸다고 해서 모든 후손들이 당뇨병을 갖는다는 것은 아니며, 적절한 식이요법으로 발병을 막거나 지연시키는 것은 가능하다.

3) 편평족

뚱뚱한 사람들은 정상인보다 더 많은 하중을 다리에 가하게 되므로 다리에도 문제가 생기며, 평발이 되기 쉽다.

4) 관절

비만자에게는 무릎, 허리, 발목의 연결 부분에 큰 부담을 주기 때문에 정상인보다 근육에 무리가 가해지게 되므로 경련을 일으키기도 한다.

5) 탈장

복부에 지방이 축적됨에 따라 복부의 팽창감이 증가하게 된다. 만약 복부벽이 약하면 지방은 복부의 약한 곳을 통해 장의 일부분이 돌출되기 때문에 긴장감을 줄지도 모른다.

6) 고혈압

고혈압 증세는 비만인 사람이 정상인보다 2배 이상 걸리기 쉽다. 혈압은 지방이 축적될수록 높아지는 경우가 있다. 왜냐하면 비만인 사람의 심장은 피의 흐름을 순환시키는 데에 추가적인 부담을 안고 있기 때문이다.

5. 비만의 예방과 치료

1) 예방법

최근 우리나라도 비만증이 커다란 사회문제로 대두되기 시작하는 실정이다. 이 비만증은 주로 유전적 소인을 가지고 있는 사람들,

그리고 과식하는 습관과 충분한 신체활동을 하지 않는 사람들에게 발생하기 쉽다. 이 중에 유전적인 소인은 어쩔 수 없다 하더라도 규칙적인 식사시간과 습관, 식사 내용의 편중 지양, 그리고 부족한 신체활동의 해결 등을 통해 비만증은 어느 정도 예방될 수 있다.

비만증의 예방에 대해 몇 가지를 살펴보면,

첫 번째, 바쁘게 일을 해야 하는 현대생활에 적응하다 보면 규칙적인 식사시간의 확보에 어려움이 발생한다. 따라서 식사시간을 정확하게 지키기가 어렵기 때문에 식사를 거르는 경우가 많고 그로인해 과식하게 되는데 이럴 경우 비만증에 걸릴 가능성은 더 커지게 된다.

두 번째, 올바른 식사습관의 형성도 비만 예방에 중요한 요소이다. 식사습관이란 식품점에서 음식물을 구입하여 준비하고 요리하여 어느 시간에 누구와 함께 먹는가 등의 모든 요소를 포함하는 개념이기 때문에 한번 잘못된 식사습관을 고치기란 매우 어렵다.

따라서 비만증을 예방하기 위해서는 식사습관에 대한 구체적인 관심이 필요한데, 그 예로 비만증의 위험이 있고 감자튀김을 특히 좋아하는 사람에게 단순히 감자튀김을 먹지 못하게 하는 것은 비만 예방에 그다지 큰 효과를 가져다주지 못하기 때문에 감자튀김이 비만 발생에 어떠한 영양을 주는지를 잘 설명하여 스스로 이 감자튀김을 사지 않도록 지도하는 것이 필요하다. 즉, 규칙적으로 적당량의 식사를 하는 식습관이 지켜질 때 비만증이 예방된다는 것이다.

세 번째, 균형 잡힌 영양섭취를 위한 식사내용이 문제이다. 근래 우리의 주위환경을 살펴보면 우리의 식사패턴이 지극히 서구화되고 있음을 쉽게 알 수 있다. 경제 수준의 상승으로 동물성 단백질 및 지방의 소비가 늘어나고 있으며, 햄버거나 피자와 같은 고칼로리 음식을 간식으로 섭취하고 있는 실정이다.

이렇게 섭취하는 식사량의 증가와 더불어 섭취하는 음식에 지방과 열량이 과도하게 포함됨으로써 비만증이 발생한다. 따라서 신체 발육 및 유지에 필요한 영양섭취는 충분히 하도록 하고, 내용 면에 있어서 비만 발생에 밀접한 포화지방산이 많이 포함되지 않도록 잘 통제해야 비만이 예방될 수 있다.

마지막으로, 섭취 열량이 충분히 소비되도록 신체활동을 지속적으로 해야 한다. 결국 비만의 예방에는 우선적으로 균형 있는 영양 섭취와 규칙적인 식습관이 수행되어야 하며, 장기적으로는 규칙적인 운동을 실시함으로써 섭취된 열량을 적절히 소모시켜 여분의 열량이 과도하게 체내 지방으로 저장되는 것을 막도록 하는 것이 무엇보다도 중요하다.

2) 치료

비만증의 대표적인 치료에는 인체 내 섭취와 소비 칼로리양을 조절하는 방법으로 식이요법, 운동요법을 들 수 있고 일상생활 중의 바람직하지 못한 습관이나 행동을 조사하여 이를 잘 수정하도록 도움을 주는 방법으로 행동수정요법을 들 수 있다. 그리고 비만 증세가 심각하거나 혹은 이로 인해 합병증이 있을 경우에는 약물을 투여하는 약물요법이 있다.

(1) 비만과 식이요법

① 상식적 열량 감소

식이요법은 운동요법, 행동수정요법 등과 더불어 비만증 치료에 기본이 되는 방법이다. 이것은 자기의 체중에 맞게 필요한 영양소를 공급받으면서 과잉의 칼로리섭취가 되지 않도록 하는 것이 그 기본원리이다. 또 정상적인 식사에 있어서 이상적인 영양소 배분은 당질 50%, 단백질 15%, 지방질 35%이나 이들 영양소 중 특히 비만증에 영향을 주는 것은 바로 탄수화물과 지방이므로 이들의 섭취를 줄여야 한다.

② 각 개인의 섭취 열량에서 1일 500cal 혹은 1,000cal 감소하는 방법

정상적인 1일 칼로리 섭취량은 성별, 연령, 신장, 활동량 등에 따라 다른데, 일반적으로 남자는 약 2,400~3,000kcal이며, 여자는 1,600~2,200kcal 정도이다. 식이요법으로 처음으로 감량식을 하게 되면 며칠간은 현저하게 체중이 감소하다가 차츰 체중의 변화가 없게 된다. 이 현상은 감량식을 하는 초기의 체중 감소는 주로 몸속의 수분이 소실됨에 기인하기 때문이다.

③ 절식요법

수분, 비타민, 미네랄만 허용하고 있는 절식하는 방법이며, 저열량 식이요법 중 10일 내지 2주간 단식을 하거나 1주일간에 1일씩 단식시키는 방법을 취하고 있다.

1. 식사 횟수를 하루에 3∼4회로 나누어 소량씩 섭취하는 방법
   효과가 좋으나 장기간 실시할 경우 근육이 위축되는 등 전반적인 체력 저하를 가져온다. 심지어는 기초대사과정에까지 이상이 나타날 가능성이 있으므로 유의해야 한다.
2. 단식요법
   체중은 감소하나 장기간 계속하면 때때로 심혈관, 간장 등에 합병증을 유발한다.
3. 식생활 패턴의 변화
   · 섬유소가 풍부한 채소류를 섭취한다.
   · 소량을 규칙적으로 먹도록 한다.
   · 음식을 천천히 먹도록 한다.
   · 술은 마시지 않는다.
   · 칼로리만 있고 영양소의 균형이 없는 인스턴트식품, 고지방 식품을 가급적 피한다(피자, 햄버거, 치킨, 김자튀김 등).
   · 짠 음식은 피한다.
   · 아침에 일어나 식사하기 30분 전 물을 마시고, 식후 2시간 전후에 물을 마신다.
   · 취침 전에 음식물을 먹는 것은 금물이다.
   · 설탕과 기름을 적게 넣는 요리법을 사용한다.
   · 외식할 때에도 필요 이상의 소스나 드레싱의 사용은 금하고, 너무 단 후식보다는 과일을 택한다.

(2) 운동요법

① 운동과 체중감량

비만증은 음식물의 섭취량이 소모량보다 많게 되는 불균형상태로 인해 발생하기 때문에 이러한 여분의 칼로리를 운동으로 소비하는 것이 체중조절에 매우 중요하며 비만치료에도 중요한 역할을 담당하게 된다. 앞서 말한 식이요법만으로 체중을 감소시키게 되면 지방의 감소뿐만 아니라 체내의 근육량도 따라서 감소하게 된다.

그러나 이때 운동요법을 병행하게 되면 근육량은 유지되면서 지방량만이 감소되기 때문에 체중감소로 인해 나타나는 운동능력 저하 현상을 예방할 수 있다. 비만치료를 위한 체중조절 프로그램에 운동을 포함시키면 식욕조절, 열량 소모량 증가, 산소운반능력 증가 등의 효과를 볼 수 있다. 또 저혈증을 일으키는 호르몬을 감소

시켜 동맥경화증의 예방에도 좋은 영향을 준다.

실제 운동요법을 실시할 때에는 유의해야 할 사항이 몇 가지 있는데, 그것은 바로 각자의 취미에 따라 하루에 30분에서 1시간 정도 하되, 자신의 신체 조건에 맞추어서 장기간에 걸쳐 지속적으로 시행하는 습관을 갖도록 하여야 하며, 단 짧은 기간에 체중을 감량하는 시도는 절대로 하지 않도록 한다. 반드시 운동처방 전문가와 상의하여 운동량을 결정하는 것이 가장 바람직하다.

앞에서도 언급했듯이 비만치료를 위한 운동요법의 실시는 단시간에 피로해지는 운동보다도 장시간 계속할 수 있는 비교적 가벼운 운동이 좋다. 또한 일상생활 중에 걷는 시간을 될 수 있는 한 많이 늘림으로써 상당히 많은 에너지를 소비할 수 있다.

이를 통해 우리는 강한 운동보다는 가벼운 운동이 더 많은 열량을 소비한다고 볼 수 있으며, 일단 정상체중에 도달한 후에도 이를 유지하기 위해서 계속적인 식사 조절과 적절한 운동을 하여야 한다. 또한 1주일에 1~2회 체중을 측정하여 체중의 변동에 따라 식사량과 운동량을 조절하는 습관을 갖도록 하는 것이 중요하다.

가) 칼로리 섭취에 운동이 미치는 영향

지속적인 에너지 소비의 증가는 칼로리 섭취를 증가시키는 것으로 나타났다.

나) 운동이 에너지 소비에 미치는 영향

에너지 소비는 안정 시 대사 에너지양과 식품의 발열효과, 운동의 발열효과 및 날씨 등의 환경 변화에 따라 구분될 수 있다.

다) 운동이 체조직 구성에 미치는 영향

체지방의 양은 체중이나 체중지수와는 별 상관이 없으며 체지방의 측정을 위해서는 수중체중이나 피부두께를 측정하여 체지방률을 계산하는 방법을 사용한다.

(3) 행동수정요법

행동수정은 최근에 많은 관심을 끌고 있는 치료법이다. 이것은 비만한 사람의 식습관과 운동상태 등을 조사하여 바람직하지 못한 행동을 확인하고 이를 통제하여 수정하도록 도움을 줌으로써 비만을 치료하는 방법이다. 이 비만치료를 위해 기존의 잘못된 식사 및 운동 습관을 변화시키는 행동치료는 크게 다음의 세 단계로 나누어진다.

---

① 1단계: 불량한 섭취습관을 초래하는 요인을 찾아내기 위해 비만인이 먹는 음식의 종류, 양, 장소, 시간, 자세, 감정상태 등에 대한 일지를 계속 적게 하는 자기 감독 단계이다.
② 2단계: 과식을 피하기 위한 자극 조절 단계이다.
③ 3단계: 비만인이 바람직한 행동을 한 경우 보상을 주는 것이다. 특히 이 경우에는 가족들의 격려가 큰 힘이 된다.

---

(4) 약물요법

식욕억제제는 대뇌 시상하부의 포만 중추를 자극하여 식욕저하 효과를 가져오게 하는 원리이다. 그런데 이들 약품에 의한 식욕저하 효과는 일시적이며 약효과가 지속되는 경우는 드물고 복용 후

단지 네 시간가량만 지속될 뿐이다. 보통 식욕억제제는 마약과 같은 작용을 하기 때문에 장기간 과량 복용하게 되면 불면증, 식욕상실, 환각, 주의력 상실, 감정 혼란 등의 부작용이 생기게 되므로 사용 시에는 매우 신중을 기해야 할 것이다.

5. 운동 프로그램

1) 운동 프로그램 설정과정

운동을 통하여 체중을 감량하려면 먼저 자신의 체중이 어느 정도 과체중인지 알아야 한다. 즉, 비만의 정도를 알아야 한다. 체지방의 정도를 표준체중에 비하여 산출하여 체중 감량의 정도를 계획한 후에는 운동 종목을 선정하여야 한다. 운동 종목은 그 형태에 따라 에너지의 소모량이 다르기 때문에 주위환경을 고려하여 선정한다.

2) 체지방 진단 및 판정의 실제

체중이 과체중인지 아니면 비만인지를 진단하고 판정하는 것은 앞서 기술하였듯이 표준체중 조건표, 표준체중 간이계산법, 체질량지수 산출법 등에 의해 손쉽게 산출할 수 있다. 이와 같은 방법은 비만의 정도를 간편하게 판정할 수 있으나, 실제 체지방의 정도를 알아보는 데는 그리 충분치 않기 때문에 정확한 체지방량을 알아보기 위해서는 피부두겹법으로 %체지방량을 산출해야 한다.

3) 운동 프로그램의 작성

표준체중이 산출되고 나면 선택할 운동 종목에 따라 소비되는 열량을 참조하여 구체적인 체중감량 계획을 작성한다. 운동 종목에 따라 표시된 kcal/kg/min이라는 단위는 체중 1kg인 사람이 1분에 소비되는 에너지양을 뜻한다. 아래의 표에 나타난 바와 같이 배드민턴의 에너지 소비량은 0.097이므로 체중 70kg인 사람이 10분 배드민턴 운동을 할 경우 에너지 소비량은 67.9kcal가 된다(0.097×70kg×10분=67.9kcal/kg/min). 체지방 1kg을 줄이려면 7,700kcal가 필요하므로 다음과 같이 운동계획을 작성한다.

앞에서 체중 80kg인 사람의 표준체중은 64kg 정도이었으므로 이 사람의 과체중은 16kg이다. 이 과체중을 운동을 통해 감량시키고자 할 경우 다음과 같이 에너지 소비량을 계산하여 그 운동지속 기간을 정할 수 있다.

· 운동종목: 달리기(1km를 7분 10초에 달릴 때)
· 1일 운동량: 60분
· 주당 운동 횟수: 5일

→ 에너지 소비량: 0.135(kcal/kg/min)
→ 지방 1kg 감량 에너지: 7,700kcal

∴ 0.135×60분×5일×4주×80kg=12,960kcal
∴ 12,960kcal/7,700kcal=1.68≒1.7kg

따라서 1개월 운동을 할 때 감량 가능한 체지방량은 약 1.7kg 정도이다. 만약 과체중 16kg을 줄이려면 약 9개월 동안 지속적으로 운동을 해야 한다는 결론이 나온다.

4) 체중조절을 위한 운동 프로그램

체중조절 운동 프로그램을 체지방 감량 목표에 따라 1일 운동 시간, 주당 운동 횟수, 운동 종목 등을 변형시킴으로써 다양하게 제시될 수 있다. 이 운동 프로그램은 체중의 감소뿐 아니라, 생활의 활력을 주는 스트레스 해소 및 심폐지구력의 증가를 가져오기 때문에 일거양득의 효과가 있다고 할 수 있다.

제 9 장

여성의 생활 건강과 운동

중점학습내용: 1. 여성의 건강 2. 여성의 다이어트 3. 세계 유일 제도

Key word: 스트레스, 피로, 운동법

현대를 사는 여성에게는 다양한 역할이 요구된다. 여성의 위치나 지위에 따라 맞게 가사의 주부로만이 아닌 좀 더 나은 과학적이고 철학을 가져 대응해야 하고 아내로서는 가정의 화목을 위해 노력하고 지혜를 가져야 한다.

여성은 자신의 건강뿐만 아니라, 가정의 아내로나 어머니로서 건강을 늘 유지하여서 가정을 화목하게 이끌어가야 한다. 무엇보다도 건강을 위해서는 다양한 방법을 알아야 하지만 운동을 통한 습관을 들이는 것은 중요하다.

1. 건강의 개념

건강을 유지, 증진하기 위해서는 바른 건강 지식을 알고 그 지식을 적극적인 행동으로 실천하도록 이끌어주고 더불어서 이 실천이 습관으로 형성되어야 한다. 건강을 위한 적극적인 습관은 여성 스스로 주어진 역할을 잘할 수 있고 사회의 동료들과의 원만한 관계가 가능케 한다.

1) 건강에 영향을 주는 요인

① 개인적 요소

② 환경적 요소

③ 문화적 요소

④ 집단적 요소

2) 건강 행위를 변화시키는 요인

	변화를 촉진시키는 요소	고용주/자영업주
개인	예방이 가능한 질병으로 인한 친구나 가족구성의 조기 사망, 자신의 건강상태에 대한 변화, 자신의 육체적 이미지에 관심	자신의 연령이나 노화에 대한 부정적인 태도, 건강을 자신의 최우선순위로 두고 있지 않은 것, 건강상태가 항상 좋았거나 아주 좋았던 상태, 만성질병을 가지고 있는 상태
직업	고용인이 건강한 생활방식 활동을 지지하고 직장 동료와 건강 행위 변화를 가져오게 하는 것, 근무시간에 융통성이 있는 근무 형태의 변화, 건강한 생활에 대한 가족들의 격려와 참여, 어린이들의 자아 충만과 독립적 생활 태도	교대 근무가 빈번하거나 불규칙한 근무시간, 고용인이나 근무자들의 부정적 태도, 잦은 직업 변화, 잦은 여행, 실직이나 증가되는 업무 책임
가족	구성원 건강변화, 흡연, 음주, 식이 등에 대한 어린아이들로부터의 논평	이혼, 결혼, 새로운 지역으로의 이사, 가족에 새로운 식구가 늘어나는 것
경제적	건강 행위에 대한 보험료 감소	한 가지 이상의 직업에 종사하는 것
기타	의사의 권유	의사로부터의 권유가 아주 드물거나 전혀 없는 것

2. 여성의 건강 개념 변화

여성의 건강이 과거에는 모성 측면이 주요 관심사가 되어 왔으나 20세기의 여성은 생식력의 조절과 정치적 참여, 매스컴의 발달 등으로 자신의 삶이 출산능력 중심이 될 필요가 없어졌으며, 모성보다는 인간으로서 그리고 여성으로서 발전할 수 있는 많은 다른 기회를 선택할 수 있게 되었다고 하였다.

과거의 여성 건강은 여성의 몸에 대한 구체적인 이해 없이 남성과 동일한 관점에서 생식기 중심으로 여성의 인간 재생산 기능을 전부로 봄으로써 독립된 인격체로서 사회생활의 주체자로 여성을 인식하지 않았지만, 여성 건강에 대한 변화된 관점은 여성의 성과 관련하여 생리, 심리, 사회, 영적인 통합된 존재로 여성이 총체적으로 고려되며, 신체, 정신, 사회적으로 발생되는 건강의 위기 상황에 대한 대처방안과 극복 등에 중점을 두어, 전인적인 건강증진 활동뿐 아니라 잠재력을 개발하는 것으로 본다.

현대사회는 심장병, 고혈압, 당뇨병, 동맥경화증 등 만성질환으로 인한 사망이 증가하고 있고, 건강의 개념 또한 '건강 증진(Health Promotion)'의 시대로 변화되었다. 현대사회의 만성질환을 관리하고 현대사회의 건강 개념에 따르기 위해선 '운동'이 필수적이다.

어릴 적부터 태권도, 축구, 발레 등으로 운동을 접했지만, 나이가 들수록 학업과 일에 치우쳐 운동을 소홀히 하기 쉬운 환경이다. 더욱이 여성들은 남성들보다 비교적 체육활동에 대한 접근성이 떨어져 건강한 몸과 운동능력을 기르지 못하고 있다. 중요하다고 생각되는 여성의 생애주기를 5가지로 나누어 생애주기에 따른 효율적인 운동을 찾고자 탐구를 진행하게 되었다.

1) 사춘기 여아

사춘기 시기는 영유아기 이후 다시 한번 급격한 성장이 일어나며 몸의 비만세포와 근육세포가 급격하게 늘어나는 시기이다. 이 시절에 생긴 지방세포는 성인이 되어도 숫자가 줄어들지 않는다. 그러므로 어린 시절에 비만 관리를 철저하게 하고 다양한 운동을 접하고, 몸의 근육량을 늘리는 것이 미래의 건강을 위해 매우 중요하다.

2) 임신기 여성

결혼 시기가 점차 늦어짐에 따라 고령 산모의 수가 증가하고 있는 추세이다.

고령 산모는 현재 의학적으로 고위험 산모로 분류되어 있으며 고령 임신은 임신성 당뇨, 임신성 고혈압과 같은 임신성 합병증이 많이 발생한다고 나타났다. 이러한 고위험 산모들에게 산전 운동은 체중조절과 과도한 체지방의 증가를 막고 임신성 합병증을 관리할 수 있다.

3) 완경 여성

완경기에 접어든 중년 여성은 허리둘레가 두꺼워지는 등 몸무게가 급격히 늘어나는 경험을 한다. 이런 상황이라면 과체중 혹은 비만과 연관된 질병을 예방하기 위해서라도 완경기에 운동을 시작해야 한다. 완경기 운동은 골다공증, 심장마비, 신진대사장애의 위험률을 낮추고 근육과 관절을 튼튼하게 만들어 주기 때문에 체중조절과 더불어 여러 건강상 이점을 가져다준다.

4) 노년기 여성

노화가 시작되는 노년기 여성은 심장이나 혈관의 기능이 떨어지고 심장의 근육이 약해짐으로써 심혈관질환의 발생 빈도가 증가하며 건강관련 체력 요소인 심폐지구력, 근지구력, 근력, 유연성이 감소된다.

그렇기 때문에 약해진 신체 체력 및 정신적인 안녕을 위해 규칙적인 운동과 신체적 기능이 많이 떨어져 있는 상태로 이차적인 낙상과 같은 문제를 예방하기 위한 신체 조정 능력을 향상시킬 수 있는 운동을 해야 한다.

3. 세계보건통계 이슈

1) 여성의 평균 출산율

0.78명과 0.59명. '2022년 인구동향조사 출생·사망통계(잠정, 2월 22일 통계청 발표)'에 나오는 한국과 서울의 합계출산율 수치다. 합계출산율은 가임 여성 한 명이 평생 낳을 것으로 기대되는 자녀의 수를 뜻한다. 인구이동과 사망률의 변동이 없을 경우, 현 수준의 인구 규모를 유지하는 데 필요한 합계출산율 수준은 2.1명이다. 한

국은 1년 새 0.03명이 줄었다(2023.03.).

합계출산율 0.78명은 다른 나라와 비교하기 어려운 수치다. OECD 38개 회원국의 평균 합계출산율은 1.59명(2020년). 한국 바로 위에 있는 35·36·37위 나라가 일본(1.33명), 그리스(1.28명), 이탈리아(1.24명)인데, 한국과 차이가 크다.

2) 건강상태는 기본적으로 사망과 질병 수준으로 측정될 수 있다. 사망 수준은 인구의 수명에 영향을 준다. 사망 수준이 낮아지면 인구의 수명이 늘어난다. 기대수명이나 영아사망률은 인구의 건강상태를 나타내는 가장 대표적인 지표로 볼 수 있다. 기대수명은 특정 연도의 출생자가 향후 생존할 것으로 기대되는 평균 생존연수를 의미한다. 정확하게는 '0세의 기대여명'을 나타낸다.

3) 한국 인구의 기대수명은 1970년 62.3세에서 2021년 83.6세로 약 21년 늘어났다. 기대수명은 여자가 남자보다 길다. 2021년 현재 여자의 기대수명은 86.6세로 남자의 80.6세에 비해 6년이나 길다. 한국인의 기대수명은 2010년을 전후로 80세까지 높아지면서 선진국 수준에 도달하였다. 최근 한국은 일본, 스위스 등에 이어 기대수명이 긴 나라에 속한다.

4. 한국 여성만을 위한 세계 유일의 제도

1) 여성가족부 제도: 여성부가 설치된 국가는 한국과 뉴질랜드 등 전 세계에 딱 두 나라다. 그러나 뉴질랜드 여성부 공무원 수는 46명, 한국 102명. 예산도 한국이 뉴질랜드의 3배 이상 이다.

2) 생리휴가제도: 전 세계에서 한국만 존재한다.

3) 여성할당제: 한국의 공무원시험 여성 할당제(30%)는 세계 최고 수준이다.

4) 한국 여성 세계 1위 부문: 유방암 증가율(90.7%) 세계 1위, 성형수술(17%) 세계 1위, 제왕절개(39.6%) 세계 1위, 여성 흡연자 1일 흡연량 24.8개 비로 세계 1위, 전업주부율(58%) 세계 1위, 낙태율 세계 1위(매년 100만 건 이상 발생, 2023) 이다.

5. 여성의 진실 다이어트

1) 간식은 200kcal 이내에서 칼로리가 없는 음료와 함께 먹는다

다이어트할 때 간식은 금물이라고 하지만 무리하게 참지 않는 것이 좋다. 자칫하면 그것이 스트레스가 돼서 오히려 저녁에 과식하기 쉽기 때문이다.

그렇다고 해서 무엇이든 마음껏 먹어도 좋다는 뜻은 아니다. 간식 선택의 기준을 반드시 지키는 것이 중요하다. 기본적으로 간식은 200kcal 이내로 억제하고, 노칼로리 음료(설탕이 없는 커피, 홍차나 차)와 함께 먹는다. 오징어나 프렌치 빵과 같이 오래 씹어서 먹을 수 있는 것을 고른다. 하지만 오징어도 고칼로리이므로 조금만 먹자.

비타민이 풍부한 과일을 200g(귤 2개, 키위 2개, 사과 1개 정도의 양) 이내에서 잘게 썰어 먹는다. 과일에 있는 칼륨은 다리 부기를 해소하는 데도 효과가 있으므로 서서 있는 시간이 많은 사람에겐 일석이조이다.

이렇게 해봅시다

아이스크림과 같이 달면서 칼로리가 높은 것이 먹고 싶을 때는 요일을 정하든지 운동을 한 날에만 먹는다.

고칼로리 간식을 먹을 때는 젤리나 요구르트 등 저칼로리이면서 수분이 많아 쉽게 배부르게 되는 것을 고른다.

케이크나 쿠키, 파이 등을 직접 만들어 본다. 설탕이나 버터가 어마어마하게 들어가는 것을 보면 생각이 달라질 것이다.

2) 간식이라도 격식을 갖춰 먹는다

굶는 것처럼 스트레스 쌓이는 일은 없다. 이럴 때 맛있는 케이크 한 쪽으로 다이어트에서 잠깐 탈출해 보는 것은 어떨지. 아주 적은 양을 스트레스 풀릴 때까지 천천히 먹는다.

이렇게 해봅시다

여럿이 함께 먹어서 간식보다는 이야기하는 데 관심을 집중시킨다.

약간 지저분하지만 입에서 녹여가며 맛을 음미하면서 천천히 먹는다.

과자나 빵은 한 번 먹을 분량을 정해서 접시에 내놓고 먹는다. 상자나 포장째 먹는 것은 피한다.

설탕이 들어가지 않은 블랙커피나 홍차, 차와 함께 먹어서 배를 부르게 만든다.

식탁이나 테이블에 매트를 깔고 꽃을 장식하고 마음에 드는 식기를 사용해서 분위기까지 즐기면서 먹는다.

3) TV를 보면서 과자를 먹지 않는다

저녁엔 몸을 많이 움직일 기회가 없는 데다가, 잠자고 있을 때는 깨어 있을 때보다 칼로리 소모가 70% 정도밖에 되지 않는다. 따라서 '잠들기 3시간 전에는 아무것도 먹지 않는다'는 것을 원칙으로 생활해야 한다.

도시락을 싸가는 것은 가장 좋은 다이어트법이 될 수 있다. 단

작은 듯한 도시락에 반찬을 풍부하게 싸는 것이 좋다. 아무리 다이어트 때문에 조금만 먹더라도 즐겁게 천천히 먹어야 된다는 원칙을 기억해야 한다.

이렇게 해봅시다
간식거리를 사지 않는다.
과자 봉지나 케이크 상자를 눈에 띄는 곳에 놓지 않는다.
항상 미네랄워터와 보리차를 가까이에 두고 입이 심심하면 마신다.
TV를 볼 때 빨래를 갠다든지 다림질을 하든지 양손을 쓰는 작업을 한다.

4) 단백질도 많이 먹으면 뚱뚱해진다

살을 빼기 위해선 식사량을 줄이고 식이요법에 필수적인 음식 섭취가 비만을 예방하는 중요한 일이라는 것은 누구도 부인하지 않는다. 따라서 비만을 극복하기 위해서는 음식과 관련한 영양학적·대사적 이해가 필수적이다. 우리가 섭취하는 음식은 크게 탄수화물, 지방, 단백질로 구성돼 있다.

5) 탄수화물은 포도당으로 전환되어 대사에 이용된다

뇌, 신경세포, 적혈구 등은 포도당을 주요 에너지원으로 사용하기 때문에 항상 일정 수준의 혈당을 유지하지 못하면 생명에 위협을 받는다. 탄수화물 섭취가 부족한 경우, 단백질 등으로부터 포도당을 새롭게 합성하여 사용한다. 이는 포도당 신생합성이라고 하며 주로 간과 신장에서 이뤄진다. 따라서 살을 빼기 위해 수일간 금식 등으로 인해 탄수화물이 부족해지면 먼저 체내 단백질이 분해돼 체중이 감소하게 된다. 이어 체내 지방도 함께 분해된다. 이럴 경우 살보다는 근육이 더 위축되는 것이다.

6) 탄수화물을 지나치게 많이 섭취하면 어떻게 될까?

과량의 포도당이 혈액 속으로 유입될 때 글리코겐을 합성하여 간과 근육에 저장하게 된다. 간은 대략 간 무게의 4~6% 정도, 즉 70~100g의 글리코겐을 함유하고 있다. 근육은 1% 이하의 글리코겐을 함유하고 있는데 70kg의 정상 성인 남자의 경우, 근육량이 35kg 정도라고 할 때 250g 정도의 글리코겐을 갖고 있다. 대개 근육의 글리코겐은 격렬한 운동을 할 때 고갈되며, 운동 직후 탄수화물이 많은 식사를 하면 근육의 글리코겐 저장 능력이 올라간다고 한다.

7) 격렬한 운동을 하면 글리코겐부터 소비(?)

이를 초과하는 더 많은 양의 탄수화물은 지방으로 전환돼 지방조직에 저장된다. 살을 찌게 하는 한 가지 요인이 되는 셈이다. 한국인의 비만 원인으로 '밥살'이 지목되는데 이는 밥을 통한 과도한 탄수화물 섭취가 체내 지방으로 바뀌는 것을 의미한다.

이 때문에 탄수화물 섭취를 극도로 제한하고 단백질만 섭취하는 다이어트를 하는 사람들이 있다. 이럴 경우 혈액 내 포도당 농도가 떨어지고 인슐린 분비가 감소해 피하조직에서 지방분해가 촉진되지만 단백질도 함께 분해된다. 뇌와 심장에서는 지방에서 분해된 케톤체가 에너지원으로 사용되면서 단백질 분해(손실)를 줄여준다.

8) 균형 잡힌 식사가 더 효과적

간혹 단백질은 비만과 관련이 없다고 생각하기 쉬우나 과잉된 단백질은 탄수화물과 마찬가지로 지방 생성에 사용된다. 특히 우리가 섭취하는 음식은 단백질만으로 구성되긴 어려우며 동물성 난백실은 대개 지방이 많이 함유되어 있어 비만의 원인이 될 수도 있다. 따라서 단백질 섭취량은 전체 에너지양의 15~20% 수준을 유지하는 것이 바람직하다.

비만과 특히 밀접한 관련이 있는 것은 지방이다. 그중 중성지방은 글리코겐에 비해 수분 함량이 적어 가장 효율적으로 농축된 에너지원으로 지방세포에 주로 저장된다. 공복 시 지방조직이나 간, 근육 등에 저장된 중성지방이 분해돼 에너지로 이용된다. 반대로 과량의 열량이 섭취될 때 간에서 중성지방으로 합성돼 피하, 복강, 장기 주변 등의 지방조직에 저장되는 것이다. 이것이 우리가 흔히 말하는 살이다.

비만은 아주 작은 에너지 과잉에서 시작된다. 탄수화물이나 단백질은 저장능력에 제한이 많다. 과도한 탄수화물 섭취는 지방분해를 억제할 뿐 아니라 그 자신이 지방으로 저장된다. 지방은 탄수화물이나 단백질과 달리 저장능력에 제한이 없어 과량의 지방은 지방조직으로 바로 저장되어 비만을 초래한다.

장기간 지속적인 체중 증가를 이루게 되면 우리 몸의 생리기전은 새로운 체중을 유지하기 위해 적응하게 된다. 증가된 체중을 유지하기 위해 음식 섭취량이 더 늘어나게 되는 악순환이 생긴다.

결론적으로 안정적이고 효과적으로 살을 빼기 위해서는 평소 식 사량보다 다소 줄인(500kcal 이내) 열량과 균형 있는 영양소를 바 탕으로 한 식이요법이 필수적이라고 할 수 있다. 덧붙여 지속적인 운동과 활동량의 증가가 필요하다. 이 같은 방법이 체내 단백질이 주로 분포하는 근육량은 거의 줄이지 않으면서 지방을 효과적이고 지속적으로 줄이는 첩경이다.

9) 사상체질과 음식 다이어트

(1) 소양인: "더운 음식은 못 먹고, 찬 음식을 좋아하는 사람"

① 무엇을 어떻게 먹어야 하나

❶ 미지근하고 차가운 성질의 음식과 시원하고 담백한 음식을 주 로 먹는 것이 좋다.

매운 음식이나 술처럼 몸을 덥게 하는 음식, 불을 이용해 조리한 음식은 몸에 열이 많기 때문에 피하는 것이 좋다.

❷ 항상 몸을 시원하게 유지하도록 한다.

평소 대변이 시원하게 배설되면 어느 정도 건강하다는 의미이므 로, 변비가 생기지 않도록 주의하여야 한다.

소양인 체질처럼 몸에 열이 많은 사람에게는 데우거나 익히고 불 의 힘을 이용한 음식과 약은 피하는 것이 좋다.

이러한 사람에게는 시원하고 담백한 음식이나 미지근하거나 차가운 성질을 간직한 음식을 복용해야 하며, 닭고기나 술, 매운 음식은 더운 기운이 있으므로 피하는 것이 좋다.

② 권장 식품
- 곡류: 보리, 팥, 녹두
- 육류: 돼지고기, 계란, 오리고기
- 해물: 생굴, 해삼, 멍게, 전복, 새우, 게, 가재, 복어, 잉어, 자라, 가물치, 가자미
- 채소: 배추, 오이, 상추, 우엉(뿌리), 호박, 가지, 당근, 강낭콩, 고구마, 배추, 버섯, 보리, 송이버섯, 옥수수, 콩나물
- 과일: 수박, 참외, 자두, 바나나, 파인애플, 귤, 배, 딸기
- 차(茶): 구기자차, 두충차, 산딸기차, 녹차(綠茶), 알로에, 영지버섯, 결명자차
- 기타: 생맥주, 빙과

③ 피해야 할 식품
닭고기, 염소고기, 조기, 고추, 생강, 파, 마늘, 후추, 겨자, 카레, 칡차, 호두, 은행, 잣, 율무, 꿀, 개고기, 인삼, 맵거나 자극성 있는 음식, 커피, 인삼차, 꿀차, 쌍화차 등

(2) 태음인: "맛을 밝히는 미식가이거나 음식량에 약한 다식가이거나"
아무 음식이나 가리지 않고 잘 먹는 태음인

호흡기는 약하지만 소화기 하나만큼은 튼튼하기 때문이다. 구체적으로 보면 라면, 국수 등 밀가루 음식을 굉장히 좋아하고 땀을 많이 흘리는 탓에 물도 많이 마신다.

가리지 않는다는 건 술에 있어서도 마찬가지다.

애주가 타입도 태음인에 많다.

① 무엇을 어떻게 먹어야 하나

❶ 너무 차거나 너무 뜨겁지 않은 음식을 위주로 먹는다.

❷ 지나친 육식 섭취는 삼가는 것이 좋다.

육식 위주로 식생활을 하다 보면, 기운의 순환이 느려져 혈액순환 장애로 비만 등의 성인병이 올 수 있다. 오히려 평소에도 땀을 내어 몸의 노폐물을 밖으로 내보내 주는 것이 필요하다.

② 잘 맞는 음식과 피해야 할 음식

태음인 체질처럼 소화기가 튼튼해서 아무 음식이나 잘 먹는 사람에게는 지나친 육식의 섭취를 제한하는 것이 좋다. 육식을 과도하게 섭취하면 氣순환이 장애를 받기가 쉽고 이로 인해 혈액순환 대사에 장애가 생겨서 성인병이 많이 발생하므로 다양한 채식을 해야 한다.

❶ 권장 식품

• 곡식류: 밀, 콩, 율무, 수수, 땅콩, 들깨, 현미, 오이

• 과일류: 밤, 잣, 호두, 은행, 배, 살구, 자두, 포도, 앵두, 복숭아

• 생선 및 육류: 갈치, 쇠고기, 참치, 해파리, 해삼, 메기매운탕,

추어탕, 멸치볶음

- 해물류: 명란, 우렁이, 뱀장어, 대구, 미역, 다시마, 김, 해조류,
  대합, 꼬막
- 채소류: 김치, 당근, 더덕구이, 도라지무침, 무나물, 연근, 호박,
  갓김치, 고구마, 도토리묵, 두부, 버섯, 부추, 양파, 파
  김치, 피망
- 차류: 칡차(갈근차), 율무차, 들깨차, 녹차, 우유, 두유

❷ 피해야 할 식품
- 나물·채소류: 가지, 녹두전, 시금치, 오이, 우엉, 콩, 토란, 팥
- 생선 및 육류: 닭고기, 돼지고기, 가재, 게, 미역, 복어, 소라,
  굴, 홍합
- 과일류: 감, 멜론, 바나나, 참외, 키위, 수박, 잣
- 기타: 메밀(국수), 메밀가루

(3) 소음인: "한번 탈이 난 음식은 다시 안 먹는다. 이유 있는 편식"

음식을 까다롭게 가려 먹는 소음인

소화기관이 좋지 않은 소음인은 소화가 잘 안 되거나, 먹고 탈이
났던 음식을 가려서 먹는다.

아이스크림, 얼음, 생야채, 보리밥, 돼지고기, 냉우유같이 배 속에
들어가자마자 썰렁한 기운이 느껴지는 '찬 음식'을 먹으면 바로 설
사하는 경우가 있어 대체적으로 찬 것보다는 뜨거운 음식을 좋아하
는 편이다.

술을 마시더라도 차가운 맥주보다는 열이 많은 소주나 막걸리, 양주가 맞는 타입이며, 해산물을 먹기는 하되 다른 사람보다 많이 먹지는 못하는 경향이 있다.

① 무엇을 어떻게 먹어야 하나

❶ 차갑거나 성질이 냉한 음식은 피하고 소화가 잘되고 따뜻한 음식을 위주로 식사한다. 날것을 그대로 먹기보다는 볶거나 찌고, 굽거나 익혀서 먹고, 차가운 것은 데워서 먹도록 한다.

한 잔을 마셔도 몸이 따뜻해지는 차로 마신다. 인삼차, 생강차는 소음인에게 잘 맞는 편이다.

❷ 평소에도 몸은 따뜻하게 유지해야 한다.

건강이 좋지 않을 때에나 한약을 복용 중일 때에는 돼지고기, 녹두, 밀가루 음식, 풋과일 등을 먹지 않도록 조심해야 한다.

② 권장 식품
- 나물·채소류: 갓김치, 도토리묵, 마늘장아찌, 부추, 쑥갓, 양파, 파김치, 피망, 김치, 당근, 무나물
- 곡식류: 찹쌀, 차조, 감자, 콩, 두부, 땅콩, 검은깨, 참깨
- 생선 및 육류: 닭고기, 멸치볶음, 추어탕, 조기, 갈치, 참치, 대구찌개, 메기매운탕, 메추리알, 명태
- 과일류: 귤, 달래, 해바라기씨, 레몬, 복숭아, 살구, 호두
- 음료: 코코아
- 한약재: 계피차, 꿀, 생강차, 쑥차, 인삼차, 꿀차, 쌍화차, 더덕

차, 귤차
- 조미료: 고추, 후추

③ 피해야 할 식품
- 생선 및 육류: 가재, 게, 굴, 꽁치, 낙지, 다시마, 달팽이요리,
  돼지고기, 미역, 복어탕, 오징어, 장어구이, 고
  등어, 전복, 홍합, 홍어회
- 과일류: 감, 딸기, 멜론, 바나나, 수박, 참외, 자두, 배, 은행, 잣,
  키위, 포도
- 음료: 맥주, 녹차, 우유
- 한약재: 결명자, 구기자, 알로에, 영지버섯
- 기타: 메밀국수, 밀가루 부침, 빵, 생수, 냉면, 빙과류, 라면

(4) 태양인: 육식을 싫어하고 해산물을 잘 먹는 태양인

시원하고 담백한 음식을 좋아해서 야채를 많이 먹어야 한다.
맵거나 짠 음식은 잘 안 먹으며, 술을 좋아하지는 않는 편이다.

① 무엇을 어떻게 먹어야 하나
❶ 기름진 육식과 술은 자제하도록 한다.
❷ 해산물과 해조류를 적극적으로 찾아서 먹는다.
❸ 평소에 소변만 시원하게 나와도 건강하다는 의미이므로 배설
에 문제없도록 주의한다.

② 권장 식품

- 나물·채소류: 고사리나물, 배추, 셀러리, 콩, 가지, 고구마, 김
  치, 녹두전, 미나리, 보리, 상추, 버섯, 오이, 시
  금치, 우엉조림, 콩나물, 표고버섯
- 생선 및 육류: 굴, 김, 미역, 전복, 홍합, 가재, 게, 고등어, 꽁
  치, 낙지, 다시마, 도미, 문어 말린 것, 복어탕,
  소라, 오징어, 장어구이, 홍어
- 과일류: 다래, 머루, 모과, 앵두, 유자, 키위, 포도, 감, 딸기, 멜
  론, 바나나, 배, 수박, 자두, 참외
- 기타: 메밀국수, 팥죽
- 한약재: 결명자차, 구기자차, 알로에, 영지버섯
- 음료: 머루차, 모과차, 솔잎차, 녹차

③ 피해야 할 식품

- 생선 및 육류: 닭고기, 돼지고기, 보신탕, 쇠고기, 염소고기,
  칠면조
- 음료: 막걸리, 소주, 커피, 맥주, 코코아, 인삼차, 꿀차, 쌍화차

6. 운동과 영양학

1) 운동 전 영양 섭취

우리 몸은 근육에 저장되어 있는 글리코겐을 에너지원으로 하여
운동을 한다.

운동 전에는 에너지로 사용되는 글리코겐(Glycogen)을 얻을 수 있는 식사가 필요하다. 이러한 글리코겐은 탄수화물로부터 얻을 수 있다. 만약, 운동 전에 영양 섭취가 없다면, 혈당과 근육의 글리코겐의 빠른 손실로 원하는 운동량을 수행하기가 어렵다.

식사 직후의 운동은 소화에 부담을 주고 배에 경련을 일으킬 수 있으므로 역시 원하는 운동을 수행하기가 어렵다. 따라서 운동 전의 영양 섭취는 소화되기 쉽고, 운동 중의 혈당을 유지할 수 있으며 빠르게 글리코겐으로 전환할 수 있는 글리코겐 로딩이 좋아야 한다.

운동 전에는 글리코겐을 합성할 수 있는 탄수화물 식이를 하여야만 근육이 지치지 않고 운동을 할 수 있다.

바로 소화가 쉬운 탄수화물 식품은 단당류와 다당류로 나누는데, 대부분 운동 직후를 제외하고는 다당류의 탄수화물을 섭취하는 것과 글리세믹 지수가 낮은 식품을 섭취하는 것이 바람직하다. 그런 식품은 감자, 고구마, 파스타 등이 있다. 단당류 탄수화물을 섭취하기 좋은 식품으로는 사과, 바나나, 오렌지, 스포츠 음료 등이 있다.

보충제는 탄수화물 보충제 식품을 이용하는 것이 빠른 소화와 장시간 운동에도 지치지 않는 에너지를 공급하여 운동 수행능력을 향상시켜 줄 것이다.

2) 운동 중 영양 섭취

운동 중에는 교감신경의 긴장과 정신적인 긴장으로 위장운동이 억제되며 소화액의 분비도 저하된다. 만약 운동 중에 소화흡수 기능이 저하되지 않는다면 운동 기능이 최대로 발휘되지 않는다고 할 수 있다.

따라서 운동 중에는 어떤 영양소를 섭취하는 것보다 많은 양의 수분을 섭취하는 것이 운동 중의 땀 분비를 원활하게 도와주며, 운동 시의 긴장을 지속시켜 준다.

땀으로는 많은 수분과 노폐물이 함께 배설되므로 운동 중에는 수분을 섭취하여야 한다. 특히 체지방 감량을 위하여 웨이트 트레이닝을 할 경우, 운동 시 수분을 섭취하지 않는 경우가 종종 있는데, 이것은 도움이 되는 방법이 아니다. 이런 경우에도 수분을 섭취하는 것은 필수적이다. 체내의 수분과 노폐물은 섭취된 수분과 함께 배설된다.

운동 중에 음식을 섭취하면 운동에 사용할 에너지를 음식의 소화흡수에 빼앗기게 되므로 많은 양의 영양 섭취는 바람직하지 않고 필요하면 소량의 꿀, 주스 등을 물과 함께 섭취하거나 미네랄워터도 좋다.

3) 운동 후 영양 섭취

운동 후에는 무엇을 먹을까? 운동이 끝나고 근육운동이 정지되어도 생체대사는 즉시 안정 시로 돌아가지 않는다. 웨이트 트레이닝 또는 시즌 중의 경기 종료 후 우리 몸은 체내의 글리코겐이 소모되고, 근육이 많은 손상을 받은 상태다.

운동으로 축적된 젖산과 글리코겐 고갈, 산소 부재, 근육의 손상은 피로를 뜻하며, 피로는 다음 경기에도 지장을 초래한다. 물론 소화기능도 저하되고 위액의 분비도 적으며, 산소(pH)도 저하된다. 또 체내의 수분감소와 무기질, 전해질, 글리코겐의 손실이 있으므로 우리 몸은 회복을 갈구하게 된다. 이를 보충해 주기 위한 영양 섭취가 필요하며 빠른 시간 내에 피로를 회복할 수 있어야 한다.

따라서 운동 직후에는 소화흡수가 쉬운 액상 상태의 주스, 꿀물 등을 섭취하여야 한다. 단, 농도는 진하지 않게 하여야 한다. 단당류의 글리세믹 지수가 비교적 높은 식품인 바나나, 사과, 딸기 등을 수분과 함께 먹는 것도 좋은 방법이다.

운동으로 지친 근육은 빠른 회복을 원하는데 이를 위해 운동 후 2시간 안에는 반드시 단백질을 섭취하여 근육의 단백질 갈증을 해소해 준다. 근육은 단백질로 이루어져 있다.

7. 여성과 운동

1) 사춘기 여아와 운동

사춘기 여아의 신체적 변화는 크게 4가지로 나눌 수 있다. 첫 번째는 한쪽 또는 양쪽 젖꼭지 안쪽에서 젖멍울이 생기는 '유방 발달'이다. 두 번째는 치골 부위에 음모가 생긴다. 음모가 나오기 2년 후쯤 겨드랑이털도 자라기 시작한다. 세 번째는 체중의 변화이다. 사춘기 전 여아는 복부와 허리에 지방이 증가하는 체형에서 사춘기를 겪으면서 점차 유방과 엉덩이로 재분배된다. 마지막으로 월경이다. 일반적으로 초경은 유방 발달이 시작되고 1년 반에서 3년이 지난 후에 나타난다.

사춘기 여아가 주의해야 할 시기는 비만으로 이어질 수 있는 체중 증가, 월경을 알리는 초경, 키 성장으로 나눌 수 있다.

2) 비만을 예방하는 운동

어렸을 때는 잘 먹어야 잘 큰다는 속설로 살찔 걱정 없이 많이 먹으라고 한다. 여기서 '잘' 먹는다는 건 무작정 음식을 많이 섭취한다는 의미가 아니라 필요한 영양분과 적당한 양의 음식을 섭취하는 것을 뜻한다. 하지만 이것이 잘 지켜지지 않는다면 소아비만으로 이어지기 쉽다.

소아비만이란 체질량 지수가 연령과 성별에 다른 기준치를 기준으로 25 이상 또는 95% 이상을 말한다. 소아비만은 성인비만과 마찬가지로 고지혈증, 지방간, 고혈압과 당뇨병 같은 성인병을 조기에 보일 수 있을 뿐만 아니라, 특히 60~80% 확률로 성인비만으로 이어질 수 있기 때문에 어릴 때 관리하는 것이 중요하다. 소아비만을 예방하기 위해서는 식이요법과 규칙적인 운동을 병행해야 한다.

  (1) 체중이 부하되는 유산소운동: 걷기, 계단 오르기, 줄넘기
  (2) 체중이 거의 부하되지 않는 유산소운동: 수영, 자전거, 순환저항훈련
  (3) 체중이 거의 부하되지 않는 유산소운동: 수영, 누워서 자전거 타기, 서킷 트레이닝

3) 월경에 좋은 운동

월경이란 임신이 되지 않았을 때, 자궁내막이 호르몬의 분비 주기에 반응하여 저절로 탈락하여 배출되는 현상을 의미하고 초경은 첫 번째로 나타나는 생리 주기를 말한다. 대부분의 여아에서 사춘기 첫 징후인 유방 발달이 시작되고 2~3년이 지난 후에 나타난다.

인제대학교 상계백병원 산부인과 김명환 교수는 "생리 중에 하는 운동은 생리통, 팽만감, 우울감이나 짜증으로 인한 감정 변화, 피로감, 구역 등을 경감시켜 줄 수 있다. 운동을 하면 엔도르핀이 생성되어 불안감과 통증을 줄여주어 기분이 좋아지게 하는 효과가 있다"며 생리 중 운동은 복부 팽만감 완화와 생리 전 증후군 증상을 호전시킨다.

월경을 하는 여성에게 좋은 운동은 월경 전 증후군에 좋은 운동과 월경통에 좋은 운동으로 나눌 수 있다.

(1) 월경 전 증후군에 좋은 운동

① 유산소운동: 중등도 유산소운동을 1주일에 3회 이상 규칙적으로 행함

② 요골반부 안정화 운동

(2) 월경통에 좋은 운동

① 저강도 유산소운동: 가벼운 걷기

② 요가

❶ 박쥐자세: 골반 부위 복부를 포함해 전신의 긴장을 완화하고

혈액순환을 돕고 근육의 이완을 도움

❷ 나비자세: 무릎을 양쪽으로 벌려 앉는 자세로 골반을 열어 혈
액순환을 도움

❸ 고양이 자세: 골반과 허리를 중심으로 상체까지 이완시켜 주
는 동작으로 허리와 골반 부위 통증 완화

4) 성인 여성과 운동

성장이 완료되어 충분히 성숙한 사람. 만 20세 이상의 여자. 사
춘기(puberty), 청년기(adolescence)에 이어지는 시기로, 노년기
(senescence)에 들어가기 전 시기에 있는 사람을 가리키는 것이 보
통이지만, 노인을 포함하는 경우도 있다.

(1) 운동의 필요성

현대사회에서는 건강한 삶을 살기 위해 운동의 필요성이 부각되
고, 그로 인해 사람들은 운동에 대한 관심이 높아졌다. 인간이라면
누구나 아름다움을 추구하고 또한 그에 대한 관심과 노력을 가지려
고 하는 기본적인 욕구를 지니고 있다. 하지만 몸매를 만들기 위한
운동에만 집중하고 정작 신체 내적인 건강은 간과하고 있다.

우리의 몸은 겉으로는 건강해 보이나 내면적으로는 불균형, 취약
점, 비대칭 등에 의해 보상작용이 나타나고, 대부분 그것을 알고 있
지 못하다. 이러한 사람들은 일상생활 동안 보상적인 움직임 유형
을 이용하고 있다. 이 같은 보상유형이 계속된다면, 미래에 나타날
수 있는 부상의 원인이 될 가능성이 높다. 부상의 원인은 크게 내・
외적인 요소로 나누어 볼 수 있는데 내적인 요소는 연령, 근력, 유

연성, 균형감각, 보행능력 등이 있다. 또한 외적인 요소는 불안전한 환경, 위험요인이 되는 행동 등이 있고, 부상 예방을 위해서 안전장구 착용, 불안전한 요소 등 외적인 요소를 제거함으로써 부상 발생에 미치는 영향을 감소시킬 수 있다.

그러나 내적인 요소로 인한 부상에 대해서는 크게 생각하지 못하고 있다. 잠재적인 부상 가능성을 개선하지 않는다면 신체는 계속적으로 부상 가능성에 노출된다. 따라서 부상 유발 가능성이 있는 내적인 요소를 사전에 평가하여 조절 가능한 요소는 운동치료 및 처방으로 개선시키는 것이 바람직할 것이다.

(2) 권장 운동
① 운동 목적

성인기 여성에서 발생할 수 있는 생리적 변화로 인한 신체적인 노화와 체력 감소 현상을 막기 위한 예방적 차원의 운동이 필요한 시점이다.

② 운동 형태

걷기, 달리기, 수영 등의 유산소운동을 통한 체지방 감소와 심폐 능력 향상과 임신기와 출산 후 발생한 허리 통증을 완화시켜 줄 요통체조 그리고 약해진 근력을 강화시키기 위한 체중과 장비를 이용한 근력운동이 있다.

③ 운동 시간 및 빈도

유산소운동 시 운동 강도는 최대심박수의 60~85%로 정하며 주관적 느낌으로는 "보통이다"에서 "약간 힘들다" 정도로 30분~1시간, 주 3~5일 이상 실시한다. 스트레칭은 허리와 하체 위주로 매일 실시하며 10~15초 버티고 3~5회 반복해야 한다. 근력운동은 체중을 이용한 운동으로 주 5회 실시하며 장비를 이용한 운동은 격일로 주 3회 정도 실시하면 된다. 근력운동 시 횟수는 10~15회 반복하고 2~3세트로 하면 된다.

④ 운동 시 고려 사항

이 시기에는 무리하게 운동강도를 높여 잡고 운동을 실시할 경우 오히려 2차적인 문제가 발생할 수 있으므로 자신의 운동능력에 맞추어 운동을 실시해야 한다. 초보자의 경우 운동 전문가와 상담 후 운동을 실시하는 것이 더 안전하고 효과적이다.

5) 임신기 여성과 운동

임산부는 태아의 성장에 따른 신체적 변화와 더불어 출산에 임박할수록 심리적인 부담을 가지게 되는데, 이러한 부분은 건강한 출산에 도움이 될 수 있는 적합한 신체활동을 통하여 긍정적인 효과를 얻을 수 있다. 그러나 산모는 임신기 증세에 따라 적절한 운동강도를 조절해야 하며, 피로를 느낄 때는 운동을 중지하고 기진맥진할 때까지 운동해서는 안 된다.

(1) 수중운동
① 효과
❶ 한쪽의 근육을 반복적으로 사용하는 일반적인 운동과는 달리

몸의 전, 후에 배치된 근육을 동시에 사용하기 때문에 밸런스를 증가

❷ 수중운동은 산모와 태아에게 별다른 악영향을 미치지 않으면서 임신성 부종을 감소

❸ 부력에 의해 체중부하를 감소시키며, 이에 따라 관절에 압박되는 힘이 줄어들어 신체의 활동성을 증대

(2) 요가

① 효과

❶ 호흡과 동작을 통해 신체를 이완하고 피로와 불안을 감소시킴으로써 임산부의 분만통증도 완화

❷ 임신기간 동안의 호흡기계, 심맥관계, 근골격계의 변화에 적응하기 쉽도록 해주고, 골반근육을 준비하여 요통을 감소시키고 분만을 용이하게 하는 데 도움

❸ 임신유발성 요통과 골반대 통증을 감소

❹ 신체의 정렬을 위한 근육군들의 등척성 수축과 이완을 도모하고 심폐지구력, 근력, 근지구력, 균형감, 가동성, 유연성을 유지하고 향상

6) 완경 여성과 운동

완경 여성의 경우, 노화현상(aging)인 에스트로겐 상실로 인해 각종 질병에 대한 이환율과 그중에서도 특히 심혈관질환 발생률이 완경 전보다 상당한 정도로 증가되기 때문에 이 시기에는 건강 체력

을 증진시키는 규칙적인 운동이 중요하다.

골 조직은 기계적인 스트레스 등에 의해 골 재흡수 작용을 하는 파골세포(osteoclasts)와 골 형성 작용을 하는 조골세포(osteoblasts) 간의 상호작용에 의해 재형성된다. 골다공증은 이 둘 세포 간의 불균형에 의해 발생하는데, 즉 파골세포의 활성도와 조골세포의 활성도가 균형을 이루지 못할 때 골밀도 감소가 초래된다. 골밀도 감소는 특히 근위 대퇴골 경부에서의 골다공증 및 골절 발생률을 높이게 된다.

① 유산소운동: 수영, 조깅, 걷기, 계단 오르기, 고정식 자전거
② 웨이트 트레이닝: 벤치 프레스, 바벨 컬, 레그 프레스, 레그 컬

7) 노년기 여성과 운동

노년기에 접어들면 신체적·정신적 기능이 점차 쇠퇴하기 시작한다. 노인의 약해진 신체 체력 및 정신적인 안녕을 위한 규칙적인 운동은 삶의 질을 향상시키고 일상생활의 활동 수준을 개선시켜 주는 중요한 역할을 한다. 대부분의 노인은 퇴행성 관절염이 많기 때문에 걷기, 수영, 고정식 자전거와 같이 유산소성 운동이 효과적이다.

① 유산소운동: 걷기, 수중운동, 자전거 타기
② 근력운동: 윗몸일으키기, 팔굽혀펴기, 앉았다가 일어서기
③ 유연성 운동: 스트레칭, 요통체조

제 10 장

노년기와 운동

중점학습내용: 1. 노년기 심리적 특성   2. 노년기와 운동   3. 노년기 무산소운동

Key word: 스트레스, 피로, 운동법

1. 노년기

　노년기란 누구에게나 보편적으로 초래되는 비가역성의 변화로 생리적·심리적·육체적·정서적·사회문화적·환경적 변화를 초래하고 기능적 저하를 동반하는 변화현상이다. 노년기의 특성은 모든 유기체에게 공통적으로 나타나며 시간의 경과에 따라 진행한다. 진행 속도는 개인마다 다르지만 역행하거나 막을 수 없으며 결국 사망에 이르는 과정이다. 노화된 대표적 사람은 노인으로, 노인의 사전적 의미는 '나이가 들어 늙은 사람'으로 정의되며, 일반적으로는 65세 이상을 노인으로 분류하고 있다.

　노화는 병적인 현상이 아니며, 생물체에 일어나는 정상적인 변화현상이므로 이를 잘 극복하고 성공적인 노년기를 영위하기 위해 적당한 운동이 반드시 필요하다. 운동과 건강의 관계에서 분명한 점은 자신에게 알맞은 운동을 규칙적으로 실행해 나가면 사망의 위험이 줄어든다는 사실이다. 미국스포츠의학회(ACMS, 1998)가 제안한 노인의 건강증진을 위한 운동은 근육량이나 근력의 유지 또는 요통 예방 및 원활한 일상생활을 위해 유산소운동, 무산소운동, 유연성 운동을 권장하고 있다.

2. 노년기의 신체적 특성

첫째, 체지방의 감소와 체지방의 증가한다.

기초대사율은 나이가 들수록 비지방 체질량의 감소와 함께 점차적으로 감소하고 체지방 비율은 상대적으로 증가한다.

둘째, 심혈 관계가 변화한다.

노인들의 심장은 활동수준의 저하 때문에 심장근육을 사용하지 않아서 발생하는 불용성 위축이 나타나므로 크기가 감소하게 된다. 이에 따라 심박출량이 감소되고, 심박동수도 감소한다.

셋째, 근골격계가 변화한다.

노화가 진행됨에 따라 근세포가 위축되고 약화되며 근력과 근긴장도가 점차적으로 약해지고 근육의 양과 근육대사율도 감소된다. 결국 노화의 진행과 함께 근육 조직의 탄력 섬유도 점점 소실되어 유연성이 감소하고 강직성이 증가하는 것을 볼 수 있다.

넷째, 체력이 떨어진다.

노화에 따른 신체의 노화 현상과 활동 저하로 인해 발생한 근력 약화는 노인의 운동성을 제한하여 노인의 근육과 골격을 빠르게 퇴화시킨다. 근육과 골격의 퇴화는 다시 근력의 약화를 초래하는 악순환의 고리를 형성시켜 노인의 삶의 질을 떨어뜨리게 된다.

다섯째, 보행능력이 저하된다.

노인의 보행능력 저하는 근력 저하와 균형 능력의 저하로 이어지면서 추락과 낙상의 위험을 증가시켜 노인들에게 심각한 문제를 일으킬 수 있다.

여섯째, 피부기능이 저하된다.

피부 내 콜라겐의 교차결합이 증가하므로 탄력성을 잃게 되며 착색되고 주름을 생성시킨다.

이로 인해 각질층의 교체 속도 저하, 통증 감각 인지 세포의 감소, 체온 유지 기능의 저하 등이 나타난다.

마지막으로, 뇌의 변화가 나타난다.

뇌의 부피가 감소하고 혈류의 원활한 공급이 이루어지지 않아 뇌의 손상을 초래한다.

3. 노년기의 심리적 특성

노년기는 일반적인 심리적 특성으로 우울증, 경직성, 조심성, 생에 대한 회고 경향, 애착심, 의존성 등이 나타난다. 우울증의 경향은 노년기 전반에 걸쳐서 증가한다. 노령에 따른 여러 가지 스트레스, 신체적인 질병, 배우자의 죽음, 경제 사정의 악화, 사회와 가족들로부터의 소외와 고립, 일상생활에 대한 자기통제의 불가능, 지나온 세월에 대한 회한 등이 원인이 되어 우울증이 증가한다.

4. 노년기와 운동

노인을 위한 운동 프로그램의 주된 목적은 독립적인 기능 수행력을 유지 및 향상시키는 것이고, 여생을 보다 잘 살 수 있게 하는 것이다. 심혈관계, 지구력, 근력, 유연성의 저하가 노인들의 자주성 상실과 일상생활 적응력의 저하로 이어지기 때문에 이들 기능의 회복이 강조될 필요가 있다.

본운동을 하기 전에는 반드시 준비운동을 한다. 적당한 준비운동은 수축과 신체 각 부위의 근육을 충분히 펴는 신전 운동으로, 근육 상해의 위험을 낮추고 신체적 수행 능력을 향상시키기 위한 목적의 운동이다. 준비운동 시간은 운동 형태와 환경 조건에 따라 5~20분 정도가 적당하다.

심폐지구력 운동, 유연성 운동, 기능체력 운동, 저항성 운동 등의 주된 운동인 본운동을 한다. 전체적으로 운동 형태를 정한 후에는 낮은 강도에서 시작하여 점차 강도를 높여가고, 운동 시간은 짧게 하다가 점차 30분, 1시간까지 늘려간다. 빈도 역시 처음에는 주 1~2회에서 몸의 변화를 살펴가며 점차 3~4회로 늘려야 부상 위험이나 급격한 신체 변화로 인한 건강 악화를 막을 수 있다. 가능하면 트레이너나 조력자·동반자를 확보한 후 운동을 시작하는 것이 좋다.

마지막으로 운동에 의해 골격근으로 보내진 혈액을 다시 중앙 순환계로 환류시키기 위한 정리운동을 한다. 준비운동과 마찬가지로 정리운동 시간은 운동 형태, 개인 연령 및 건강 수준, 환경 조건에 따라 10~20분 정도에서 적당하게 선택하면 된다.

65세 이상의 노인을 대상으로 규칙적인 운동을 실시한 연구 결과들에 의하면, 첫째, 퇴행성 질환에 긍정적인 효과가 있고, 둘째, 연령 증가에 따른 신체 기능의 저하를 예방하거나 신체적·심리적 및 사회적 건강을 증진시킨다. 셋째, 적극적인 신체활동으로 신체적 기능의 습득, 친교관계의 강화, 자아정체감의 확신, 스트레스 처리 등과 같은 효과를 낳아 사회적 상호작용을 촉진하는 계기를 제공한다. 넷째, 규칙적인 스트레칭은 신체관절의 경화 증상을 지연시킨다. 다섯째, 70대 고령자에게 신체운동을 시키면 연령 증가에 따른 체력저하를 지연시킬 수 있다. 마지막으로 노인의 운동 훈련 효과는 뚜렷하게 나타났다.

1) 운동 시 주의 사항

더울 때는 탈수, 탈진, 일사병을 유발할 수 있으므로 피한다.

추울 때는 고혈압, 협심증, 뇌졸중 증상을 유발할 수 있으므로 주의한다.

피곤하거나 컨디션이 나쁠 때는 운동을 하지 않는다.

운동 중에 힘들면 중단하고 휴식을 취하도록 한다.

노인들은 탈수되기 쉬우므로 운동 전후에 물을 섭취하도록 한다.

운동 전후에 커피, 콜라, 홍차 등을 마시는 것을 피한다.

운동 후에 흡연은 특히 금해야 한다.

운동 후 더운 물 또는 차가운 물 샤워는 금한다.

노화에 의한 시력감퇴를 고려하여 채광이 좋은 장소를 선택한다.

2) 간단한 체조

(1) 팔의 체조: 어깨와 가슴 근육을 활동시킨다.

(2) 옆구리 체조: 등의 유연성을 기른다.

(3) 허리와 무릎 체조: 허리와 무릎의 운동이다.

(4) 머리, 팔, 동체 비틀기: 몸의 회전을 촉진시킨다.

3) 무산소운동

무산소운동은 산소 공급이 부족한 3분 이내의 상태에서 짧은 시간 동안 많은 에너지를 소비하는 운동이다. 또한 근육의 크기와 힘을 증가시켜 체력을 향상시키고, 기초 대사량을 높여 많은 칼로리를 소모함으로써 체중감소에 도움이 된다. 무산소운동은 순간적인 에너지를 강하게 낼 수 있는 힘을 만들며, 근육을 강화시켜 일상생활에서 쉽게 피로하지 않도록 해준다. 웨이트 트레이닝 같은 운동은 젊은 사람들이 하는 운동이라고 생각할 수 있으나 노인의 체력과 전체 기능 수행 능력을 크게 변화시킬 수 있는 운동이다. 따라서 절대적으로 근육량이 적은 노인들에게는 근력 유지 및 향상을 위해 무산소운동이 필요하다.

4) 유연성 운동

유연성은 관절의 가동 범위와 특별한 과제를 수행할 수 있는 능력을 지칭하는 용어이다. 관절의 가동 범위는 주로 뼈, 근육, 연결 조직 구조와 기능, 통증 같은 요소, 그리고 충분한 근력을 발휘할 수 있는 능력이다. 유연성을 위한 운동 프로그램은 관절의 유용한 가동 범위를 증가시키기 위해 계획된 매우 정교하고 규칙적인 운동이다. 이는 유산소운동과 병행하면서 그 기능이 서서히 증가된다.

WHO(세계보건기구)는 노인들의 건강상태는 질병을 가지고 있는지로 평가할 것이 아니라, 일상생활 기능이 자립하고 있는지 아닌지로 평가할 것을 주장한다. 즉 고령자는 질병을 가지고 있어도 일상생활을 할 수 있는 근력이나 보행능력 등을 갖추고 있다면 건강하다고 본다.

노인에게 운동이란 성인의 경우처럼 질병 예방이나 만족감의 차원이 아니라 자립하고 삶의 질을 유지하게 하는 중요한 요소로 작용하며, 단순한 수명 연장이 아니라 기능적 독립성을 개선하는 데 초점을 맞추어야 한다. 이렇듯 노인에게서 체력요소는 건강한 삶에 반드시 요구되는 필수적인 기능이며 체력의 유지 및 향상을 통하여 잠재적인 위험 상황과 질병을 예방하는 데 매우 중요하다. 따라서 체력을 길러주고 질병 예방에 효과적이며 장수하고 독립적인 삶을 유지하려면 정상적 노화에 따른 신체적 장애와 신체활동의 부족으로 인한 기능의 손실을 예방하기 위한 결정적인 요인은 규칙적인 운동이라는 것을 깨달을 필요가 있다.

제 11 장

운동처방과 운동

중점학습내용: 1. 운동처방의 원리   2. 운동부하 검사

Key word: 운동처방, 운동부하, 건강상태

1. 운동처방 정의

운동처방(Exercise Prescription)이란, 체력 증진을 위해서 어떤 운동을 어떻게 할 것인가를 계획하는 과정이다. 따라서, 운동처방은 사람마다 다른 현재 체력 수준을 기초로 하여 운동강도, 운동시간, 운동빈도 등 3가지 요건을 적절히 배분하는 것이다. 운동처방의 내용은 운동형태(Modes of Exercise), 운동강도(Intensity of Exercise), 운동시간(Duration of Exercise), 운동빈도(Frequency of Exercise) 및 운동단계(Rate of Exercise)로 구성된다. 따라서, 효율적인 신체활동은 작업능률에서뿐만 아니라 효과적인 삶을 영위하는 데 있어서 중요한 삶의 매개체가 될 것이다. 사람의 특성에 따라 생리학적 측정, 해부학적 측정 및 전신, 체력 측정으로 구분하여 성, 연령, 체질, 운동경험, 생활환경, 식생활 등을 종합 검토하여 진단되어야 한다.

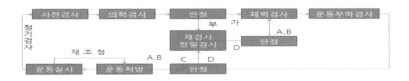

2. 운동처방 방법

1) 운동 강도

운동 강도는 운동의 질을 결정하는 데 중요한 요인인데 운동 강도를 어떻게 결정하는가에 따라 건강에 유익하기도 하고 건강을 해치기도 한다.

HRmax%, Vo2max%, HR, MET, 1RM%

220-당신의 연령=최대심박수

최대심박수-안정 시 심박수=예비심박수
예비심박수x0.6(하한 운동강도)+안정 시 심박수=하한 목표심박수
예비심박수x0.75(상한 운동강도)+안정 시 심박수=상한 목표심박수

2) 운동 빈도

운동 빈도는 운동 지속 시간과 마찬가지로 중요한 의미를 갖는다. 20분 달리기를 1주에 한 번 또는 2~3주에 한 번 한다면 별 효과를 거둘 수 없다.

3) 운동 시간

시간은 강도와 별개의 것이 아니며 두 요소는 상호 영향을 미친다. 미국스포츠의학회(ACSM)는 시간의 적정 범위를 20~60분으로 추천하고 있다. 심폐계의 변화는 강도가 높을 때 20분의 시간으로 이루어질 수 있다.

4) 운동 기간

운동 기간이란 운동 효과를 증대시키기 위하여 운동 프로그램의 조정 시기가 언제인가를 검토하여 계획된 운동 프로그램을 수행하는 기간, 즉 운동 프로그램을 변경시키기 전까지의 기간 또는 특정 운동 프로그램을 통해 체력의 향상이 더 이상 이루어지지 않는 정체 기간까지를 말한다.

5) 운동 형태

운동의 형태는 걷기, 조깅, 수영, 자전거 타기 및 에어로빅, 체조 등이 바람직하다.

3. 운동처방의 원리

(1) 사전검사

운동부하검사를 실시하기 전에 건강상태를 평가하기 위한 기본적인 자료, 운동부하검사의 실시 여부를 결정, 운동부하 및 운동처방 시 고려해야 할 상황으로 적절한 운동부하 방법의 결정, 종합적인 의료검진의 필요성 결정 등을 위해서 건강상태의 전체적·기본적인 평가가 실시되어야 한다.

(2) 검사동의서

피험자는 운동부하검사 전에 검사동의서에 서명해야 한다. 검사동의서는 운동부하검사에 대한 자세한 설명과 검사 중에 일어날 수 있는 위험요인들, 그리고 검사를 통해 예상되는 이익 등을 포함하고 있어야 한다.

(3) 심전도기록

심전도란 심장에서 발생한 활동전압이 시간의 흐름에 따라 변화하는 것을 기록한 것이다. 심장박동은 외부 신경지배 없이도 심방수축, 심실수축, 충만기의 순서로 정상 시와 마찬가지로 계속된다.

(4) 운동부하검사 시 절대 금기 사항 및 준금기 사항

누구나 운동부하검사를 받을 수 있는 것은 아니며, 사람에 따라서는 운동이 치명적인 것이 될 수도 있다. 그러므로 운동부하검사 중에 발생할 수 있는 위험도가 높은 사람은 검사에서 제외해야 한다. 미국스포츠의학회에서 제시한 운동부하검사에 대한 절대 금기사항과 준금기사항을 나타낸다.

(5) 운동부하검사의 중단요건

운동부하검사가 환자에게 적절한 수준이거나 고도로 훈련된 선수에게 맞추어 실시되거나 간에 그 결과는 종료 시의 신체적 부하에 해당하는 에너지 동원 능력과 체력수준에 달려 있다.

4. 운동부하검사

1) 사전준비

검사에 앞서 피험자가 주의해야 할 사항은 운동부하검사에 지장을 줄 수 있는 심한 신체활동을 삼가야 하며, 모든 음식은 최소한 검사 2~3시간 이전에 섭취하여야 한다.

2) 최대 운동부하검사

최대 운동부하검사는 피험자가 완전히 지쳐 더 이상 운동을 수행할 수 없는 피로상태까지 검사를 실시하여 피험자의 최대 산소섭취량 또는 최고 운동수행능력을 측정하는 방법이다.

5. 체력검사 시스템

1) 운동부하검사

① 트레드밀 검사

② 자전거 에르고미터 검사

③ 암 에르고미터 검사

④ 스텝 테스트

2) 체력검사 종목

① 근력 및 근지구력
- 근력: 악력, 배근력, 복근력, 각근력
- 근지구력: 팔굽혀펴기, 윗몸일으키기, 턱걸이 등

② 순발력
힘과 스피드의 관계(반비례)
- 제자리높이뛰기, 제자리멀리뛰기, 단거리달리기

③ 심폐지구력
최대 산소소비량 중요 지표
- 1,000m, 1,200m, 2,000m, 12분 달리기

④ 유연성
운동의 효율성, 상해 예방에 중요
- 윗몸 앞으로 굽히기, 윗몸 뒤로 일으키기

⑤ 비만도
신체의 구성성분 비율(체지방률%)
정상치(남: 15~20%, 여: 20~25%)

- 수중체중 측정법, 피부두겹법(Skin-Folder), 신체부위 둘레 측정법

6. 운동단계

1) 초기단계

초기단계란 진행할 운동 프로그램의 시작과정으로서 운동 요령 또는 방법의 습득, 운동 중 발생할 수 있는 부작용의 최소화, 참여 운동에 필요한 근육 및 신체기관의 강화를 목적으로 실시하는 일련의 적응과정이다.

2) 발달단계

발달단계는 운동 프로그램의 중간 과정으로 최대한의 운동효과를 추구하기 위하여 실시하는 적극적 운동단계이다.

3) 유지단계

유지단계는 운동 프로그램의 마지막 과정으로서 향상된 건강체력을 지속적으로 유지하기 위하여 실시되는 운동단계이다.

4) 운동 프로그램 시 유의 사항

① 실현 가능한 운동 프로그램을 작성한다.

② 초보자는 체력향상보다는 운동 그 자체에 초점을 맞춘다.

③ 체력향상은 참가자의 유전적 요인들에 따라서 제한될 수 있으므로 체력향상 목표를 위해서는 유전적인 사항을 먼저 검사한다.

④ 체력향상 목표와 체력유지 목표를 정한다.

⑤ 운동 프로그램 목표들을 계획표에 작성한다.

7. 맞춤 운동 종목의 원리

운동 종목마다 각기 다른 특성을 가지고 있으며, 그 특성에 따라 운동의 효과가 다르게 나타난다. 따라서 자신의 몸에 맞는 운동 종목을 선택해야 운동의 효과를 제대로 볼 수 있다. 이것이 특이성의 원리이다. 예를 들면, 조깅은 심장과 폐의 기능을 높이고 심폐지구력을 강화시키는 데 아주 좋은 운동이다. 하지만 조깅을 열심히 한다고 해서 근력이나 유연성이 길러지지는 않는다. 운동 종목을 정할 때는 다음과 같이 여러 가지를 종합적으로 고려해 결정해야 한다.

(1) 목적에 따른 운동 종목의 결정

성인병 예방과 치료, 건강증진을 목표로 한다면 유산소운동을 선택한다. 그러나 무산소운동은 순간적으로 힘을 내거나 움직이는 운동이다. 힘껏 역기를 든다거나 100m 달리기를 전력 질주하는 것 등을 들 수 있다. 유산소운동에 비해 오랜 시간 운동을 지속할 수 없으며, 한꺼번에 많은 힘을 쓰기 때문에 산소의 소비가 거의 이뤄지지 않는 것이 특징이다. 따라서 성인병 예방이나 건강증진을 위해 무산소운동에 주력하는 것은 의미가 없다. 이처럼 운동의 목적을 고려하지 않더라도 운동을 처음 시작하는 단계에서는 신체가 산소의 공급을 충분히 받는 유산소운동을 하고, 차차 운동능력이 발달되면 무산소운동을 곁들이는 식으로 운동을 실시해야 한다.

(2) 체형에 맞는 운동 종목의 결정

몸이 뚱뚱한 사람이 다이어트를 목표로 한다면 열량소모 효과가 큰 유산소운동을 주로 해야 한다. 무산소운동에 비해 유산소운동은 체내의 지방소비율이 높기 때문이다. 하지만 너무 뚱뚱해서 자칫 관절이 상할지 모르는 위험성이 있을 정도라면 종목 선택에 더욱 신중을 가해야 한다. 걷기에 비해 테니스가 단위시간당 열량 소모량이 크지만, 먼저 몸의 상태를 고려해서 운동 종목을 선택해야만 운동상해를 피할 수 있다.

비만자는 걷기 운동부터 시작하여 심폐기능은 물론이고 전신의 근육, 관절, 특히 발목과 무릎의 힘을 기르는 동시에 체중감량을 하는 것이 순서이다. 또 한 가지는 대퇴나 허리 등의 특정 부위에 대한 비만을 해소하기 위해 그 부위만 집중적으로 운동하는 것은 좋지 않다. 물론 전혀 의미가 없다고는 할 수 없지만 지속적인 전신 운동인 유산소운동과 병행하지 않는다면 제대로 살이 빠지지 않는다.

(3) 표준체형의 건강증진 효과

한 번의 운동에서 최소한 유연성, 심폐지구력, 근력의 이 세 가지 체력 요소를 높일 수 있는 방향으로 운동 프로그램이 만들어져야 한다. 좀 더 구체적으로 먼저, 5~10분 정도의 준비운동이 필요하다. 준비운동으로는 팔을 위로 뻗거나, 허리를 앞·뒤로 젖히거나, 다리를 벌리고 눌러 주는 등 몸을 풀면서 유연성을 높이는 스트레칭 체조가 흔히 쓰인다. 그다음으로는 심폐지구력을 강화하는 유산소운동을 한다. 20~30분 정도 열심히 걷거나 수영, 테니스, 자전거 타기 등의 운동을 하면 된다.

유산소운동이 끝나면 기구를 이용한 웨이트 트레이닝이나 맨손으로 할 수 있는 여러 가지 근력운동을 약 15~20분 해준다. 마지막으로 10~15분 정도 정리운동을 하는데, 여러 가지 스트레칭 동작을 해주면서 유연성을 기르도록 한다.

(4) 운동 종목의 변화

심폐지구력이나 근력이 그런대로 정상수준에 올라 있고, 어느 정도 운동이 생활화되었다면 그 밖의 체력 요소를 기르는 운동 종목을 병행한다. 예를 들어 일주일에 4일 동안 조깅과 웨이트 트레이닝을 하고 있는 경우라면 그중 1~2일 정도는 전신운동이면서 순발력이나 민첩성을 기르는 효과가 있는 농구, 탁구, 축구, 테니스, 배드민턴, 배구 등을 하거나, 평형성과 유연성을 기르는 체조나 댄스 등을 하는 것이 좋다.

(5) 일상생활에서 결점 보완을 위한 종목의 선택

일상생활에서 상체를 많이 쓰는 편이라면 하체운동을 특별히 더 많이 해주어야 한다. 현대인들에게 있어서 노동에서의 문제점은 전신 운동이 되지 않고 어떤 사람은 손 운동만 하루 종일 하고, 또 어떤 사람은 한쪽 팔 운동만 계속하는 것이다. 또 정신적인 노동을 주로 하는 사람은 반드시 신체적인 활동을 일정하게 해주는 운동이 필요하다. 육체노동자의 경우 충분한 휴식과 가벼운 워밍업으로 신체의 피로를 풀 수 있는 운동을 해주는 것이 좋다.

(6) 활동량을 고려한 종목의 선택

하루 필요한 열량은 크게 세 가지 타입으로 나누어 살펴볼 수 있다. 첫째, 육체적인 활동이 거의 없는 경우는 표준체중에 20~30kcal를, 둘째, 보통 정도의 활동을 한다면 표준체중에 30~35kcal를, 셋째, 심한 노동을 하는 경우는 표준체중에 35~40kcal를 곱하면 하루에 필요한 적당한 열량이다.

일일 필요한 열량이 계산되었다면, 자신이 평소 섭취한 음식의 열량을 빼고 남은 부분만큼의 열량은 활동이나 운동으로 소비시켜야 한다. 참고로 100kcal를 소비하는 운동을 살펴보면 보통 걷기가 35분, 빨리 걷기는 25분, 달리기(200m/분)는 10분, 에어로빅 체조는 2분, 계단 오르기는 15분, 줄넘기는 12분, 자전거 타기는 30분을 해야 하는 양이다. 이렇게 자신이 섭취한 음식의 열량과 일일 활동량을 고려하여 에너지를 효과적으로 소비하는 운동 종목을 선택할 필요가 있다.

(7) 건강에 맞는 종목의 선택

고혈압이나 당뇨병, 빈혈 등 지병이 있다면 이를 우선적으로 고려해 운동 종목을 정해야 한다. 예를 들어 고혈압이 있는 경우에는 호흡이 자연스러운 운동을 하여야 하며, 무리한 웨이트 트레이닝이나 머리가 가슴 아래로 내려가는 동작은 피해야 한다. 또 아무리

해도 시간이 없는 경우라면 정식으로 운동할 시간이 날 때까지 기다리는 것보다는 틈틈이 체조를 하여 유연성을 기르고, 맨손으로 어디서나 할 수 있는 팔굽혀펴기나 윗몸일으키기, 턱걸이 등으로 근력 운동으로 대체할 수 있으며, 또한 일과 중에 계단 오르기나 뒤로 걷기 또는 빨리 걷기 등을 실천해 나가는 것도 바람직한 방법이기도 하다.

1) 장기간 운동의 전략

건강을 얻는 것은 단거리 경주가 아닌 마라톤 경기와 비슷하다. 다시 말하자면 장시간 운동을 지속하는 것이 중요하다는 것이다. 규칙적인 운동은 인생에서 가장 중요한 단계를 밟고 있는 것이다.

운동 프로그램을 성실히 수행할 때 건강이라는 바람직한 효과가 있다는 사실에 용기를 얻지만 그들 중 실제로 운동 프로그램을 장기간 수행하는 사람은 절반도 되지 않는다. 운동할 시간이 없다고 하고, 또는 원하는 만큼 빨리 운동 프로그램의 성과가 나오지 않는다고 좌절한다. 흥미와 열정이 오래 지속될 때 이러한 부정적인 요소들이 프로그램에서 제거될 수 있다.

(1) 규칙적인 운동 실시

자신을 위해서 규칙적인 운동을 할 수 있도록 운동에 대한 동기를 부여해야 한다. 이것은 처음에는 단순해 보이지만 아주 중요한 사실이다. 즉, 운동은 자발적이어야 하고, 시간을 투자해야 하며, 규칙적이어야 한다. 그러므로 운동은 일상생활에서 필요하고 관심 있는 다른 일들과 경쟁 관계에 있다. 운동에 대한 동기부여를 유지할 수 있는 방법에 대해 생각해 보자.

① 운동하는 이유와 방법에 관해 모든 것을 배워라.

② 가볍고 적당한 운동으로 부상의 위험을 최소화해야 한다.

③ 단기간의 목표를 세우자.

운동 목표를 세울 때 참고 사항

① 목표는 도전적으로 설정하고, 현실적이어야 한다.

② 목표는 명확하게 계획하며, 추상적으로 잡아서는 안 된다.

③ 단기적인 목표를 세워라.

(2) 운동의 목표 설정

① 모임에 참가하거나 친구와 함께 운동하자.

② 운동과정을 체크하기 위해 체력측정을 일정한 기간별로 실시
하자.

③ 자기의 운동결과에 대한 진행과정 차트를 기록해라.

④ 적은 시간 동안 여러 번의 운동을 생각해 보자.

⑤ 운동 시간표를 계획하자.

8. 유산소 · 무산소 운동

1) 유산소운동

유산소운동은 신체가 산소를 충분히 섭취하면서 심장과 폐의 힘
을 길러 혈액순환을 원활하게 하는 전신운동이다. 또한 신진대사

과정에서 생기는 유해물질을 신속 정확하게 처리해 주는 운동이다. 체지방을 감소시키면 비만을 해소할 뿐만 아니라, 혈중 콜레스테롤 수치와 혈압을 내려주는 효과도 있다. 그러므로 유산소운동을 하게 되면 거의 모든 질병에 대한 인체의 면역력을 기를 수 있다.

(1) 걷기(Walking)

걷기운동은 다리근육의 발달뿐만 아니라 심폐지구력을 향상시키며, 언제 어디서나 쉽게 행할 수 있는 가장 간편하고 경제적인 운동이라는 장점 때문에 일반 성인들에게 권장할 수 있는 운동이다. 특히 부상의 위험이 적기 때문에 노인층이나 허약자 또는 오랫동안 활동하지 않았던 사람이나 비만자에게 좋은 운동이다.

심박수의 종류 및 산출방법

안정 시 심박수	최대심박수	
안정상태에서 심박수를 측정할 수 있는 부위에서 1분간 심박수를 측정한다.	체력수준이 낮은 사람 220-연령	체력수준이 높은 사람 205-(연령/2)
가장 많이 쓰이는 운동강도 방법으로 심박수, 산소섭취량, 운동 자각도, 최대 반복 횟수 등이 있다.	예) 최대심박수 산출 높은 체력수준(A)과 낮은 체력수준(B)인 40대 두 사람이 운동을 시작하려고 가정하였을 경우 A의 최대심박수: 205-40/2=185회/분 B의 최대심박수: 220-40=180회/분	
목표심박수	목표심박수=운동강도(%)×(최대심박수-안정심박수)+안정심박수 체력이 좋을수록 운동강도 범위는 넓어지고, 체력이 낮을수록 그 범위는 좁아진다.	

<목표심박수 결정방법>
운동강도(%)=(최대심박수-안정심박수)+안정심박수
초보자: 60% 운동=0.6(177-75)=136회/분
중급자: 70~80% 운동=0.8(177-75)+75=157회/분

① 준비운동

걷기는 발, 발목, 무릎에 충격을 주어 상해를 입힐 우려가 있기 때문에 이를 방지하고 운동을 효율적으로 행하기 위해서는 준비운동이 반드시 필요하다. 준비운동으로서 운동 전·후에 스트레칭을 실시하는 것이 좋으며 이는 유연성 향상에도 그 효과가 크다. 또한 운동 후에는 근육의 긴장과 피로를 풀기 위해 간단한 정리운동을 해야 한다.

② 걷기 방법

허리를 똑바로 세우고 배를 내밀지 않은 상태에서 반듯이 걷는 자세가 좋으며, 팔은 무리한 힘을 가하지 않고 자연스럽게 움직인다. 걷기에서 중요한 것은 발을 딛는 요령인데 발뒤꿈치가 먼저 땅에 닿고, 그다음 앞꿈치 쪽으로 중심을 옮겨가는 방법이 좋다. 발바닥 전체로 내디뎠을 때는 쉽게 피로가 오고 발에 통증을 느끼기 쉽다. 걸을 때는 너무 보폭에 구애받지 말고 각자의 평상시 보폭으로 걷도록 한다.

③ 운동량 조절

걷기의 운동강도는 자신의 체력수준에 알맞도록 조절하는 것이 효과적이다. 효과적인 운동강도는 앞서 언급한 바와 같이 자신의 최고심박수의 70~80% 정도이다. 운동 후 5~10분 동안 정리운동을 한 후에도 맥박수를 측정한다.

(2) 조깅

조깅은 심폐계에 적절한 자극을 주어 심폐지구력을 향상시킬 수 있는 전신운동으로서 걷기와 달리기의 복합된 형태로 이루어져 있다. 달리기는 특별한 기술이나 고도의 스피드를 필요로 하지 않으며 또한 장소에 구애받지 않고 어디서나 할 수 있으며, 기후조건에 크게 구애받지 않는다는 장점이 있다.

(3) 자전거 타기

자전거는 교통수단뿐만 아니라 체력증진을 위한 운동이나 하이킹과 같은 레크리에이션 활동에 널리 이용되고 있다. 자전거는 쾌적한 자연을 갈구하고 스피드를 즐기는 현대인에게 주말이나 휴일을 이용한 하이킹의 수단으로 이용됨으로써 피로를 풀고 스트레스를 해소하는 데 도움이 된다. 또한 달리기와 비슷한 체력증진효과가 있다.

이처럼 자전거는 달리기 운동에 비해 지루함을 덜 느끼고 즐겁게 실시할 수 있으며, 심폐지구력과 다리의 근력 및 근지구력을 향상시킬 수 있으므로 체력향상을 위한 운동으로 널리 이용되고 있다.

(4) 수영

수영은 온몸을 사용하는 전신운동으로 신체를 고루 발달시키는 운동이다. 걷기나 달리기와 마찬가지로 심폐지구력을 향상시키며 흥미를 가지고 재미있게 실시할 수 있는 장점이 있다. 그러나 수영장이라는 장소의 제한과 수영기술을 익혀야만 한다는 어려움이 있다. 근래에는 수영장 수가 증가되고 수영 인구가 확산됨에 따라 이러한 어려움이 점차 해소되어 가고 있다.

(5) 등산

자연은 인간과 함께하며 인간이 결코 자연을 떠나서는 살 수 없다. 등산은 자연과의 끊임없는 대화이며 이러한 대화를 통하여 참다운 삶의 의미를 찾을 수 있을 것이다. 등산기술의 기초는 걷는 것이다. 걷기의 실시방법은 이미 앞에서 설명한 바 있다. 걷는 방법은 평지나 경사길, 계곡, 눈 위 등 장소나 기후 여건에 따라 다소다르지만 가장 중요한 것은 피로하지 않게 걷는 것이다. 피로를 줄이기 위해서는 보폭을 줄여야 하며, 내리막길에서는 가능하면 발앞꿈치부터 내디뎌 몸에 오는 충격을 줄여야 한다.

2) 무산소운동

근력을 강화시키기 위하여 무거운 기구를 사용하는 웨이트 트레이닝은 여러 각도에서 신체 각 부분에 적당한 움직임과 강도 높은운동을 실시함으로써 건강하고 균형 있는 신체를 가꾸는 운동이다. 특히 근력 강화를 위해 강도 높은 운동을 필요로 하지만 다양한 운동방법을 통해 순발력, 근지구력, 전신지구력까지도 향상시킬 수있는 체력단련을 위한 바람직한 운동형태가 될 수 있다.

(1) 운동방법

웨이트 트레이닝 방법의 첫째 요소는 적절한 훈련으로 근력을 증가시키기 위해서 자신의 최대 운동능력의 2/3에 해당하는 무게로약 10~15회 반복운동을 실시하는 것이다. 이때 최대 운동능력이란 각 운동 종목에서 1회만 겨우 들어 올릴 수 있는 웨이트 트레이닝 기구의 무게를 의미한다.

처음 훈련을 시작할 때는 한 가지 동작을 취하여 20~30초 동안 유지하여 2~3회 반복하며, 1~2세트 정도를 실시하는 것이 좋으나 근력이 차츰 증가하고 운동에 익숙해질수록 횟수와 운동기구의 무게를 높이는 것이 근력 향상에 좋은 방법이다.

(2) 휴식

운동 중에 종목이 바뀔 때와 세트와 세트 사이에는 적당한 휴식이 필요하며, 특히 운동 중에 피로감이 급격히 쌓일 경우 충분한 휴식과 함께 가벼운 기구를 선택하여 적은 횟수로 좋은 컨디션을 유지하는 것이 무엇보다 중요하다.

(3) 영양

웨이트 트레이닝을 통해 체력을 향상시키고, 멋진 몸매를 가꾸기 위해서는 운동과 휴식, 그리고 적당한 영양관리가 무엇보다 중요하다. 특히 운동을 통해 강한 근력을 얻기 위해서는 단백질의 섭취량을 늘리는 식사를 하는 것이 바람직하다. 강도 높은 운동을 실시할 때에는 단백질의 섭취량을 체중 1kg에 대해 적어도 2g 이상 섭취하는 것이 좋으며, 만약 단백질 섭취량이 부족한 상태에서 운동을 계속하면 빈혈 증상이 나타날 수 있다.

(4) 근력 및 근지구력 향상 운동의 강도 설정

1RM 추정법

· 1RM=W0+W1
· W1=W0×0.025×R
· W0: 충분한 준비운동 후 약간 무겁다고 생각되는 중량
(7~8회 반복 가능한 무게)
· R: 반복 횟수
Ex > 임의의 중량(40kg)을 선택하여 최대로 10회 반복했을 경우
☞ W1=40×0.025×10=10
∴ 1RM=W0+W1=40+10=50kg

(5) 웨이트 트레이닝의 기본용어

웨이트 트레이닝을 신체 부위별 구분에 따라 운동방법을 분류해 볼 때, 전완(5종목), 상완(9종목), 가슴(7종목), 어깨(10종목), 배(11 종목), 등(13종목), 대퇴(11종목), 하퇴(2종목), 목(2종목) 등 신체 9 부위가 있으며, 이에 대한 운동방법은 총 70개 종목에 이른다. 따라서 처음 운동하는 사람의 경우 이름만 듣고서는 전문적이고 다양한 운동방법을 이해하기가 어렵기 때문에 웨이트 트레이닝에서 기본적으로 사용되는 대표적인 용어를 이해한다면 이름만 듣고서도 대체로 어떤 운동방법인지를 알 수 있을 것이다.

· Standing(서서 운동하는 자세)

· Seating(앉아서 운동하는 자세)

· Laying(누워서 운동하는 자세)

· Squat(구부려서 운동하는 자세)

· Bend(상체를 엎드려서 운동하는 자세)

- Sit-Up(윗몸일으키기)
- Press(밀어 올리는 자세)
- Pull(당기는 자세)
- Raise(일으키는 자세)
- Curl(끌어 올리는 자세)
- Extension(늘리는 자세)
- Rowing(노 젓듯이 운동하는 자세)
- Shrug(어깨를 움츠리는 자세)
- Twist(비틀어서 운동하는 자세)

3) 운동의 종류

운동의 종류는 운동의 목적에 따라서 선별되어야 한다. 예를 들면, 심폐지구력을 향상시키기 위해서는 달리기, 수영 등과 같은 유산소운동을 실시해야 하고, 근력이나 근지구력을 향상시키기 위해서는 웨이트 트레이닝과 같은 저항운동을 실시해야 한다. 또한 신체의 균형이나 유연성을 발달시키기 위해서는 체조나 스트레칭 등을 하는 것이 더욱 효과적이다. 그리고 질병이나 개인적인 신체상황에 따라 운동 종류는 달라질 수 있다.

4) 운동의 강도

① 심폐기능에 자극을 주면서도 과도한 부담이 되지 않도록 안정시 심박수와 최대심박수를 측정하여 목표심박수를 측정한다.
② 심폐지구력의 향상을 위한 운동강도는 건강한 사람의 경우 최

대 운동능력의 60~75%로 목표심박수를 정한다.

③ 체력수준이 낮거나 운동 초보자인 경우에는 최대 운동능력의
40~65%가 적당하다.

5) 운동의 시간

① 운동 강도와 운동 시간은 반비례하여 강도가 높을수록 시간은
짧아진다.

② 준비운동과 정리운동을 제외한 본운동 시간은 20~30분 정도
가 적당하다.

③ 운동을 마친 후 1시간이 경과했을 때 심한 피로를 느끼지 않
아야 한다.

④ 체력수준이 향상되면 40~50분 정도로 늘려 나간다.

6) 운동의 빈도

운동은 규칙적이고 지속적으로 실시해야 하며 얼마나 자주 하느
냐에 따라서 그 효과가 달라지므로 다음의 요소를 고려해야 한다.

① 최소한 1주일에 3회 이상은 운동을 해야 한다. 주당 4~5회
정도로 운동하는 것이 좋다.

② 걷기, 달리기, 웨이트 트레이닝 등의 체중부하운동은 격일제
로 실시해야 관절과 근육에 과도한 무리를 주지 않는다.

③ 주 5회 이상의 운동은 체중부하운동과 체중부하가 없는 운동
을 교대로 실시한다.

9. 운동처방의 기본항목

항목	관련 사항
운동 종류	근력 및 근지구력, 심폐지구력 향상, 유연성 증진
운동 강도	최대심박수, 최대 산소섭취량, 자각도
운동량	일일 운동 시간, 달린 거리 등
운동 빈도	주당 운동 횟수(3~7일간)
운동 목적	체력 증진, 체력 유지, 여가활동 등
운동 환경	실내체육관, 실외운동장, 수영장 등

제 12 장

운동상해 예방 및 응급처치

중점학습내용: 1. 운동상해 예방 2. 운동상해 종류 3. 운동상해 실제

Key word: 응급처치, 운동상해

1. 운동상해 예방 및 응급처치

규칙적이고 과학적인 운동을 실시하면 신체에 좋은 효과가 나타나지만, 반면 무리하거나 피로가 계속해서 동반되는 운동을 실시하면 신체에 위험이 뒤따르게 된다. 운동을 실시한다고 해서 반드시 신체에 유익하게 작용하지는 않는다는 것이다.

1) 운동상해의 원인

① 준비운동을 충분하게 실시하지 않았을 때
② 실시하는 운동에 대해 정신적·신체적으로 지나치게 흥분했을 때
③ 운동기술이 미숙할 때
④ 과도한 운동으로 피로가 누적될 때
⑤ 운동기구 시설 등 환경의 결함이 있거나 이를 잘못 사용하였을 때

2) 운동상해의 진단

① 상해가 일어나면 주위에 있는 동료자 혹은 환자 자신이 처치해야 한다는 사실을 명심해야 한다.
② 주위 사람이나 환자 자신은 상처가 일어난 부위에 적당한 조치를 취해야 한다.
③ 상처 부위에 출혈이나 부종, 타박상 등의 상태가 있는지를 진단한다.

④ 상처 부위를 조사하여 연조직이나 뼈에 파열이나 결함이 있는
지를 진단한다.

⑤ 상처 난 부위가 통증 없이 정상적으로 움직일 수 있는지를 진
단한다.

3) 운동상해의 처치

발생되는 연조직의 상해 중 대부분이 타박상은 폐쇄성 상처라고
하는데 보통 타박상의 치료는 RICE법을 적용한다. RICE방법은 R
은 휴식(Rest), I는 냉각(Ice), C는 압박(Compression), E는 환부 높
임(Elevation)을 뜻하는 것으로 각자의 처치 행동은 다음과 같은 방
법에 의해 실시한다.

① 휴식(Rest)
운동이나 활동 중 상해가 일어났을 때, 적어도 1~2일 정도의 휴
식을 취하는 것이 좋다.

② 냉각(Ice)
심하게 다친 연조직 상해 시 처치하는 방법으로 개방성 상처나
출혈이 멎지 않는 상해 시에는 실시하지 않는다. 대부분의 경우 냉
각은 혈관이나 임파선으로 수축하여 혈액이 상처 부위에 모여드는
것을 억제함으로써 상처 범위를 제한시키고, 통증과 경련을 감소시
키며, 부종과 염증을 줄이는 데 사용된다.

③ 압박(Compression)

압박처치 행동은 냉각처치가 끝나면 바로 탄력 있는 붕대를 사용함으로써 이루어지는데 상처 부위의 압박은 붓기를 억제하는 데 매우 효과적이어서 회복기간을 단축시키는 데 매우 효과가 크다.

④ 환부 높임(Elevation)

상처 부위를 심장보다 높게 함으로써 출혈이 줄어들고 회복 시 제거되어야 할 부수물의 생성을 억제하는 효과가 있다. 수면 시에도 상처 부위를 계속 높인 상태로 유지하며, 특히 다리를 높일 때에는 환자가 누워 있을 때 45도 이상의 각도를 유지하도록 한다.

2. 운동상해 종류와 예방

1) 운동상해 종류

운동상해는 운동외상과 운동장해로 분류할 수 있다. 이때 운동외상은 운동을 실시할 때 발생하는 상해로 운동 중 한 번의 외력을 받아 외상이 생겼을 때를 말하며 염좌, 타박, 탈구, 골절 등의 상해가 전형적인 예이다.

(1) 운동외상

운동외상은 대부분 스포츠를 하는 사람이 운동에 임하는 자세에 따라 발생하는 경우가 가장 많다.

(2) 외상의 예방

가. 운동 시 무리한 행동을 하지 않을 것

나. 준비운동을 충분히 실시할 것

다. 병을 앓고 있거나 피로할 때는 운동을 실시하지 말 것

라. 운동을 실시하기 전에 복장, 기구, 운동자의 관리를 잘 살펴볼 것

마. 모든 운동을 바른 자세로 실시할 수 있도록 자세 연습을 바로 실시할 것

바. 운동 시 환경을 점검하여 대처할 것

2) 운동장해

운동 시 발생되는 운동장해로서 흔히 테니스 엘보, 요통, 척추분리, 무릎관절염 등이 있다. 특히 엘보는 성장기의 야구선수와 테니스선수에게서 많이 나타나며 최근에 골프 붐이 일어나면서 좋지 않은 자세에서 스윙 시 테니스 엘보 장해가 자주 발생되고 있다. 운동장해를 예방하기 위해서는 운동 시 신체의 체력에 대한 적절한 관리와 과학적으로 실시하도록 하여야 한다.

(1) 운동장해 구분

가. 결관절 장해

나. 허리관절 장해

다. 고관절 장해

라. 슬관절 장해

마. 다리 장해

(2) 운동장해 예방

가. 충분한 준비운동으로 각 관절의 주변근을 풀어준다.

나. 완전한 동작이 이루어지도록 기초동작을 충분히 익힌다.

다. 운동을 수행할 수 있도로 체력을 육성한다.

라. 자신의 신체를 조절할 수 있는 신체 부위별 근력을 육성한다.

마. 운동 후 정리운동을 철저히 수행한다.

3. 운동상해 실제

1) 타박상

(1) 증상

겉으로 보이는 상처가 없더라도 피부 출혈을 수반할 수도 있으므로 주의를 요하게 된다.

(2) 처치법

상해가 발생되면 빨리 멍든 부위에 얼음찜질을 해주거나 혹은 그 부위를 찬물이 들어 있는 용기에 담가 조직으로 들어가는 피를 멈춰지게 하거나 혈액량을 적게 들어가게 할 뿐만 아니라 상해 부위가 부은 것도 빠지게 할 수 있다. 또한 팔이나 다리에 멍이 들었다면 이 부위를 몸의 높이만큼 다리를 높여 주고 다친 부위를 몇 시간 동안 안정시키도록 한다.

2) 골절

(1) 증상

골절이란 외부의 힘이 뼈에 강하게 가해졌을 때 뼈가 부러지거나 뼈에 금이 생기는 것이다.

(2) 처치

가장 먼저 상해가 발생되면 전신의 상태를 관찰하여야 한다. 이때 조금이라도 골절된 증상이 있으면 그 부위를 움직여서는 안 된다. 골절은 피부를 찢는 개방골절이라도 생명의 위험은 적기 때문에 처치 시 서두르지 말고 침착하여야 한다.

3) 발목염좌

(1) 증상

발목염좌는 대부분의 많은 경기종목 선수에서 가장 많이 나타나는 운동상해의 하나로 빠른 속도로 뛰다가 동작을 멈추고, 출발하고, 부딪힐 때 발목 부위의 주변근에 무리가 생겨 근육이나 인대에 무리가 가해짐으로써 부상이 발생된다.

(2) 처치법

발목염좌가 운동이나 활동 시 발생되면 즉시 안정을 취하는 것이 가장 중요하다. 무리하게 움직이거나 환부를 만지면 상해 부위가 자칫 더 심한 상태로 발전될 수 있기 때문이다.

4) 물집

(1) 증상

흔히 운동 중 발목이나 발바닥에 물집이 생기는 경우와 골프채, 테니스 및 배드민턴 라켓을 처음 사용하는 경우에 손에 물집이 생기는 것을 경험하게 된다.

(2) 처치법

물집이 발생되면 물집을 터뜨리고 거기에 클로르헥시딘이나 기타 다른 소독약으로 소독한 뒤 치료 연고를 바르고 치료 밴드를 붙인다. 물집을 그냥 방치했다간 주위까지 번질 가능성이 꽤 있기 때문에 연고를 바른 반창고, 솜으로 물집이 있는 부위를 잘 감싸주는 게 좋다. 또한 물집이 터진 걸 발견했다면 즉시 소독을 한 뒤 반창고나 거즈로 감싸주어야 한다.

5) 근육경직

(1) 증상

근육경직은 일종의 격심한 근수축이라고 할 수 있다. 이러한 근육경직은 운동 중에 많이 발생하는데 휴식 중에도 발생하는 경우가 흔하다. 일반적으로 장딴지가 근육경련이 가장 많이 발생하는 부위이며 근육경련은 신체의 어느 부위에서나 발생하지만 피로에 의해 자주 발생된다.

(2) 처치법

① 땅에서 경직이 일어나면 안전한 장소로 옮긴 다음 신발을 벗기고 장딴지의 경우 발끝을 잡고 발등 쪽으로 굽히거나 경직 부위를 계속해서 맛사지하는 것도 효과가 있다.

② 물에서 경직이 발생되면 발이 닿는 지역이라면 수영을 중지하고 육상에서 하는 방법과 동일하게 처치한다. 만약 깊은 물이라면 배영식으로 누워서 서서히 몸의 경직 부위를 풀어주는 것이 효과적이다.

6) 코피

(1) 증상

코피는 비강점막 좀 더 정확하게 표현하면 비중격의 입구에서 약 1cm 안으로 들어간 부위인 키이셀바하에서 출혈하는 것이다. 코피가 나오면 딱딱한 솜뭉치로 지혈을 하는 경우가 많은데 이때 비점막을 손상시키는 경우가 많으므로 주의하여야 한다.

(2) 처치법

① 눕히거나 의자에 앉혀 머리를 약간 뒤로 숙인다.

② 밖으로 흐르는 혈액은 미지근한 물이나 거즈로 닦아내며 구강 내의 혈액은 입 쪽으로 밀어서 휴지로 닦아낸다.

③ 환자를 안정시켜 흥분되지 않도록 한다.

④ 주위에 사람이 많이 있으면 격리시킨다.

⑤ 편안하게 구강호흡할 수 있도록 지도하며 계속되는 출혈은 지압이나 솜으로 막는다.

⑥ 피가 멈추더라도 20~30분간 솜뭉치를 빼지 않는다.

4. 응급처치

1) 응급처치의 기본

① 의식이 없을 때는 질식하지 않도록 옆으로 눕히고 기도를 통한 호흡이 이루어지도록 조치한다.
② 출혈이 심할 때는 압박 붕대나 지혈기구를 이용하여 과다한 출혈을 막는다.
③ 기도, 소화 및 내장기관에 악영향을 미치는 독성 식품을 먹었을 때는 빨리 음식을 토하게 한다.
④ 호흡이 멈췄을 때는 인공호흡을 실시한다.
⑤ 탈구나 골절인 경우에는 움직이지 못하게 고정시킨다.

2) 응급처치로서 필요한 사항

① 상처받은 자리 및 주위를 직접 손으로 만지지 않는다.
② 출혈이 있을 때에는 이에 대한 처치를 먼저 실시한다.
③ 상처 부위에 이물질이 묻어 있거나 투입되어 있으면 제거가 가능하다면 빨리 처리하여야겠지만 어려울 때에는 의사에게 의뢰한다.
④ 소독은 머큐로크롬이나 살균 소독액 등에 의한 1차 처치만 실시하고 그 외 처치는 가능한 삼가는 것이 좋다.

⑤ 전신상태, 특히 내출혈이나 다른 부분의 부상이 있나를 주의
  깊게 살핀다.

⑥ 외상과 쇼크에 충분한 주의를 하고 보온에 유의한다.

⑦ 심한 동통은 가능한 빨리 의사에게 인도한다.

3) 환자 발생 시 주의 사항

① 당황하여 서두르지 말 것

② 떠들지 말 것

③ 바르면서 침착하게 상황을 확실히 파악할 것

④ 환자의 전반적 상태를 파악할 것

⑤ 처치의 순서를 적절하게 결정할 것

⑥ 주위 사람들의 잡음에 말려들지 말 것

⑦ 환자에게 되도록 가까이 있을 것

⑧ 환자의 상황을 정확히 의사에게 보고할 수 있도록 필요한 사
  항을 메모할 것

4) 응급처치의 방법

(1) 지혈법

혈관이 파괴되어 혈액이 밖으로 나오는 것을 출혈이라 한다. 부
상을 당하면 많은 경우 그 부위에서 출혈되나, 그 양상과 응급처치
의 방법은 모세혈관, 동맥, 정맥 등 출혈하는 부위의 혈관에 따라
다르다.

① 직접 지혈법

상처받은 자리를 거즈나 손수건 같은 것으로 직접 누르는 방법으로 가장 확실한 방법이다.

② 간접 지혈법

상처받은 자리보다 위쪽에서 혈액의 흐름을 손을 이용한 지혈법이 이용된, 즉 지혈점을 손으로 누르면 상처받은 자리의 출혈이 멎는 원리를 이용하는 것이다.

③ 지혈대에 의한 지압

주로 손발에서 단시간에 상당량의 진홍색 출혈이 나타날 때에 실시하는 지혈법이다.

(2) 환자 운반법

보다 빠른 임상의사에 의한 치료를 요하는 상처가 발생될 때 환자에게 고통을 주지 않도록 조심하면서 안전하고 신속하게 운반한다. 이때 환자의 운반을 구급차로 하는 것이 가장 좋지만, 상황이 그렇지 못할 경우 주변 상황, 환자의 상태 등을 고려하여 들것을 이용하거나 업거나 안아서 옮긴다.

① 환자의 신체에 동요를 주지 말 것
② 운반을 서두른 나머지 난폭한 취급을 하지 말 것
③ 운반 중에는 상처나 체위로 인해 고통을 주지 않도록 충분한 도구를 준비할 것
④ 운반 중에는 환자가 정신적 불안을 일으키지 않도록 주의할 것
⑤ 운반 중에는 물로 응급처치를 실시하면서도 반드시 환자를 관찰할 것

가. 맨손운반법

가) 들것이 없어서 운반이나 부축해서 운반하게 되는데, 되도록 여러 사람에게 협조를 청하여 옮기도록 한다.

나) 1명이 운반할 때는 업거나 안아서 운반하는 방법을 사용한다.

다) 2명이 운반할 때는 두 사람이 힘을 합하여 기구를 이용하거나 또는 그대로 환자를 운반한다.

라) 3인 이상 많은 사람이 서로 힘을 합하여 운반하는 경우, 동작이 어긋나면 부상자에게 괴로움을 주는 어려움이 있다.

나. 들것 운반법

들것을 이용할 때에는 환자의 머리 부분을 뒤로하여, 뒷사람이 환자의 상태를 주의 깊게 살피고 앞사람은 장애물 등을 조심하면서 신속하고 안전하게 이동한다.

(3) 소생법

① 인공호흡법

사람은 호흡으로 공급받지 못하면 3~5분 내에 사망한다. 따라서 사고 시에 인공호흡법을 빨리 실시하면 그만큼 소생률이 높아진다. 인공호흡이란 물에 빠지거나 가스중독 등으로 인하여 호흡이 멈춘 경우에 인공적으로 폐를 활동시켜 차차 자기 힘으로 호흡할 수 있도록 하는 응급처치이다.

② 심장 마사지

가) 환자를 반듯하게 눕힌다.

나) 시술자는 환자의 옆에 무릎을 구부려 앉고 환자의 흉골 하부에서 1/3 되는 곳에 양손을 놓는다.

다) 가슴이 3~4cm 들어가게 자기 체중으로 압박하고 곧 손을 뗀다.

라) 이상의 동작을 성인에게는 1분에 50회 정도, 소아에게는 60회 정도 반복한다.

마) 이 방법으로 환자가 소생할 때까지 계속한다.

바) 보온에 유의하고 수족의 맛사지를 동시에 하면 효과가 있다.

(4) 응급처치의 실제

① 외상의 상처

가) 벤 상처: 날카로운 칼이나 유리 조작 등에 베었을 때 살갗뿐 아니라 뼈에까지 상처를 입는 경우가 있다.

나) 찔린 상처: 찔린 상처는 겉으로 보기에 괜찮을 것 같아도 깊은 경우가 있다. 출혈은 적으나 파상풍 등의 병원체에 감염될 위험이 많고, 또 상처를 그대로 내버려 두면 환부가 곪기 쉽다.

다) 타박상: 타박상을 입으면 심한 통증과 부기가 있으며, 내출혈이 일어나는 경우도 있다.

② 골절 염좌 탈구의 처치

가) 골절: 외부에서 큰 힘이 가해져 뼈가 부러진 상태인데, 단순히 뼈가 부러지거나 금이 가는 골절이 있는가 하면, 부러진 뼈가 피부 밖으로 튀어나오는 골절도 있다. 골절이 되면 골절 부위가 붓고, 피부 형태가 삐뚤어지며 심한 고통을 받으므로 환부에 부목을 대고 고정시킨다.

나) 염좌 탈구: 염좌는 관절에 무리한 힘이 가해져서 관절이 삐는 것으로 인대가 늘어나거나 완전히 끊어진 상태를 말하며, 탈구는 염좌가 심해져 관절이 서로 어긋나는 상태를 말한다.

③ 뇌빈혈, 뇌진탕, 일사병의 처치

가) 화상: 불이나 뜨거운 물 등이 몸에 닿아 피부나 체내 조직이 부상을 입는 것을 말한다.

- 환부를 청결히 하고, 약을 성급히 바르지 않는다.
- 환부를 10~20분간 물로 적시면서 식혀, 될 수 있는 대로 빨리 피부로부터 열을 제거하도록 한다.
- 물로 식히면서 의복을 벗긴다.
- 물집이 생겼을 경우에는 터뜨리지 말고 의사의 치료를 받는다.

나) 동상: 추위로 인해 피부나 내부 조직에 혈액이 운반되지 않아 그 부위가 얼어서 상하는 것을 말한다.

- 환자를 따뜻한 장소로 옮긴다.
- 피부가 새파랗게 되었을 때에는 약 38℃의 온수에 충분히 담근다.

- 제1도이면 환부를 소독한 다음, 소독거즈를 대고 붕대를 감는다.
- 제2도이면 소독, 제3도일 때에는 붕대만을 감으며, 전신 동상의 경우에는 담요 등으로 싸서 전신을 보온하고 빨리 전문의사에게 치료를 받는다.

제 13 장

MZ세대 스트레스와 우울증

중점학습내용: 1. 스트레스 2. 우울증 3. 대처법

Key word: 스트레스, 피로, 운동법

1. 스트레스와 우울증

우리 사회에는 정신이 건강하지 못한 현대인들이 많이 생기고 있다. 그중 학생들이 받는 스트레스는 극에 달하고 있다. 아마도 급변하는 사회에 적응하기 위해서이고 우리 사회가 무한경쟁의 시대이므로 항상 정신적으로 스트레스에 시달리는 게 대부분의 학생들일 것이다.

이러한 정신적인 문제는 신체에 문제가 있을 때보다는 병원에 가는 것이 부담스럽고, 혼자 쉬쉬하다 보니 더 큰 문제로 이어진다. 그 예로 최근의 카이스트 사태 또한 학업에 대한 스트레스로 인한 우울증으로 어린 나이에 목숨을 앗아가는 극단적인 선택에 이르는 것을 볼 수 있다. 이렇듯 정신건강은 매우 중요하고 예방책을 모색하여야 한다.

미국의 뉴욕대학은 대학생의 자살을 예방하기 위한 24시간 상담해 주는 프로그램이 있다고 한다. 하루에 걸려오는 전화만 110여 통에 달한다고 한다. 우리나라의 대학들도 학생의 자살을 감추기보다는 학교에서 적극적으로 학생들의 고민을 들어주려고 노력하는 프로그램들을 개발해야 한다.

2. 스트레스 정의 및 해소방법

스트레스는 나날이 복잡해지는 사회구조와 과도한 업무 및 학업, 대인관계에서 오는 어려움 등으로 인하여 현대인들은 누구나 스트레스(Stress)를 경험하며 살아가고 있다. 스트레스를 제대로 관리하기 위해서는 먼저 스트레스라는 것이 무엇인지 알 필요가 있다. 스트레스라는 말은 원래 19세기 물리학 영역에서 "팽팽히 조인다"라는 뜻의 Stringer라는 라틴어에서 기원했다.

의학 영역에서는 20세기에 이르러 Hans Selye가 '정신적·육체적 균형과 안정을 깨뜨리려고 하는 자극에 대하여 자신이 있던 안정 상태를 유지하기 위해 변화에 저항하는 반응'으로 발전시켜 정의하게 되었다.

Seyle는 스트레스를 ① 경보반응(Alarm) → ② 대응-저항반응(Resistance) → ③ 탈진반응(Exhaustion)의 3단계로 나누었다. 스트레스 요인이 오랫동안 지속되어 마지막 단계인 탈진반응에 빠지게 되면, 신체적·정신적 질병으로 발전할 수 있다는 이론을 함께 제시했다.

스트레스는 긍정적 스트레스(Eustress)와 부정적 스트레스(Distress)로 나뉜다. 당장에는 부담스럽더라도 적절히 대응하여 자신의 향후 삶이 더 나아질 수 있는 스트레스는 긍정적 스트레스이고, 자신의 대처나 적응에도 불구하고 지속되는 스트레스는 불안이

나 우울 등의 증상을 일으킬 수 있는 경우는 부정적 스트레스라고
할 수 있다.

1) 스트레스 증상

　① 두통이 있거나 머리가 무겁다.

　② 감기 증상이 있다.

　③ 숨이 차다.

　④ 몸의 떨림과 경직상태가 가끔 있다.

　⑤ 잦은 변비와 설사로 시달린다.

　⑥ 가슴앓이와 구토 기미가 있고, 식욕이 없다.

　⑦ 불면증 기미가 있다.

　⑧ 몸이 나른해지고 쉽게 피곤해진다.

　⑨ 눈이 쉽게 피로해진다.

　⑩ 초조하다.

　⑪ 흥분하여 화를 잘 낸다.

　⑫ 집중력이 떨어지고 끈기가 없어진다.

　⑬ 조그마한 일에도 크게 놀란다.

　⑭ 가만히 앉아 있지 못하고 용무와 관계없이 돌아다닌다.

　⑮ 건망증과 혼란이 잦다.

　⑯ 논리정연하게 얘기를 하거나 글로 쓸 수가 없다.

　⑰ 무엇인가에 부딪치거나 걸려 넘어지기 쉽다.

2) 스트레스 이론

(1) 생활사건 이론

Holmes and Rahe(1967)가 스트레스를 설명하는 가장 간단한 모델 중 하나이다. 이는 스트레스를 많이 주는 순서로 점수를 부여하는 방법으로 점수가 높으면 개인에게 더 많은 생활의 적응을 요구하는 것이며 전체 점수가 150~199점은 적은 인생 위기(Mild Life Crisis), 200~299점은 보통 인생 위기(Moderate Life Crisis), 300점 이상은 큰 인생 위기(Major Life Crisis)로 점수를 분류해 놓았다.

(2) 개인-환경적 모형

이 모델은 French가 제시한 것으로 개인적인 요인과 환경적인 특성을 강조한 모델이다.

다른 사람의 요구를 무시한다든지, 당신 자신보다는 다른 사람의 약점을 봄으로써 스트레스를 줄일 수 있다는 것이다.

(3) 스트레스/약점 모델(The Stress/Vulnerability Model: Type A 행동)

환경적 특성보다는 사람의 특성을 강조한 모델이다.

성취를 위한 열렬한 노력, 경쟁, 참을성 없는 급한 제스처와 말, 대단한 욕구와 적개심을 가진 사람

(4) 자기가 측정할 수 있는 스트레스 계산법

검사항목의 채점방법은 거의 언제나 그렇다(1점), 그러한 일이 많다(2점), 보통이다(3점), 그러한 일이 별로 없다(4점), 그러한 일

이 결코 없다(5점) 그러고는 20개 항목의 전체 점수를 합하여 거기에다 20점을 빼면 된다. 그래서 남은 점수가 30점 이상이면 스트레스에 조금 침범되기 쉽고, 50~70점이면 일정 부분 침범되기 쉽고 70점 이상이면 대부분 침범되기 쉽다.

테스트 항목

1. 하루 한 번 밸런스가 취해진 따뜻한 식사를 하고 있다.
2. 일주일 중 4일은 7~8시간 잠을 잔다.
3. 언제나 애정을 쏟을 수 있는 상대가 있으며 애정을 주는 사람이 있다.
4. 최소한 주 2회 땀을 듬뿍 흘릴 정도의 운동을 한다.
5. 의지할 수 있는 친척이 약 2백 리 이내 거리에 최소 한 사람이 살고 있다.
6. 담배를 하루 반 갑 이하로 흡연한다.
7. 신장에 알맞은 적정한 몸무게를 유지하고 있다.
8. 지출에 알맞은 수입이 있다.
9. 신앙이 힘을 돋우어 주고 있다.
10. 클럽이나 사회활동에는 정기적으로 참석한다.
11. 친구와 아는 사람과의 교제만이 있다.
12. 개인적 문제를 터놓을 수 있는 친구가 있다.
13. 건강은 양호하다(눈, 이를 포함해서).
14. 화를 내거나 정신이 안정되지 않을 때 자기 감정을 솔직히 이야기할 수 있다.
15. 집안일, 금전, 일상생활 등의 가정문제를 언제나 가족들과 의

논하고 있다.

16. 최소한 일주일에 한 번은 오락을 즐긴다.

17. 자기의 시간을 유효하게 배정할 수 있다.

18. 하루 중 커피(차, 콜라 등)는 석 잔 이내이다.

19. 잠깐이라도 자기만의 조용한 시간을 가질 수 있다.

20. 웃는 일이 자주 있다.

(5) 스트레스 예방 및 처리법

① 휴일에는 땀이 흐를 정도의 운동을 반드시 한다.

② 피로를 느끼면 잠을 푹 자는 게 좋다.

③ 스트레스가 쌓일 때 심호흡을 한다.

④ 이완기법을 통해 긴장을 푼다.

⑤ 행동적 조정이 필요하다.

⑥ 매사에 오래 망설이는 것을 피하라.

⑦ 긍정적이고 낙관적인 사고를 지닌다.

⑧ 시간관리를 잘 하라.

⑨ 한 번에 한 가지 일만 하라.

⑩ 항상 메모하는 습관을 가져라.

⑪ 할 수 없을 때에는 솔직하게 아니요라고 말하라.

⑫ 의문 나는 것이 있으면 바로 질문하라.

⑬ 놀 때는 열심히 놀고 일할 때는 열심히 일하라.

⑭ 걱정이 많은 사람을 친구로 두지 마라.

⑮ 지킬 수 없는 약속은 애초에 하지 마라.

(6) 스트레스를 퇴치하는 식사습관

① 과식이 스트레스 체질을 만든다.

② 칼슘 부족이 불안과 초조함을 이끌어낸다.

③ 설탕을 과잉 섭취하면 스트레스를 유발한다.

④ 비타민 C는 스트레스를 방지한다.

⑤ 짠 음식은 삼가는 게 좋다.

⑥ 지방질의 섭취량을 줄인다.

3. 스트레스 피로와 운동

피로(Fatigue)란 일반적으로 작업능력이 저하된 상태를 의미한다.
산업화와 기계문명의 발달로 인해 현대인들은 많은 혜택을 누리
고 있는 것이 사실이다. 그러나 인간의 노동력보다 기계에 더 많이
의존하고 있는 만큼 인간의 신체활동 기회는 점점 줄어들고 있으
며, 이로 인해 건강과 체력이 점점 약해지고 있는 부작용을 초래하
고 있다.

대부분의 사람들은 심한 육체적 노동을 하거나 수면이 부족하게
되면 일시적으로 피로를 경험하게 된다. 피로는 이러한 일상적인
활동을 한 후에 비정상적으로 지치거나 원기가 부족하여 지속적인
노력과 주의를 요구하는 일을 감당하기 어려운 상태, 또는 전반적
인 활동능력이 감소된 상태를 말한다.

1) 피로의 종류

(1) 정신피로와 육체피로

정신피로는 신체활동이 거의 없어도 정신적으로 계속 긴장을 강요당할 때 일어나기 때문에 중추신경계에 한해 일어나는 현상으로서 생리학보다는 심리학적 대상이 되고 있다. 육체피로는 신체에 나타나는 피로로서 근육에 일어나는 경우가 많다. 스포츠 활동에 의한 피로는 주로 이러한 종류의 신체피로인데, 특히 단순한 근육운동을 할 때는 거의 이런 형태에 속하는 근육 피로가 많다.

(2) 급성피로와 만성피로

급성피로는 심신이 극심한 노동상태에 있을 경우 불가피하게 나타나는 결과로서 건강조건과 육체적 단련 정도에 따라 감수성과 회복이 다르게 나타난다.

만성피로는 날이 갈수록 서서히 활력이 저하된 상태를 일컫는다.

(3) 정상피로와 축적피로

정상피로는 정상적인 건강을 가진 사람은 어느 정도 심한 피로가 왔다 하더라도 다음 날까지는 회복이 되는 것을 일컫는다.

축적피로는 다음 날에도 회복되지 않고 매일 조금씩 축적되는 경우를 말한다.

(4) 국소피로와 전신피로

국소피로는 신체 일부의 근육군 또는 기관 내에 부하되는 피로로서 산업적 노동현장에 많고 때로는 고통을 느끼거나 건강에도 좋지 못한 영향을 미치게 한다.

전신피로는 전신운동에 의해서 일어나는 것이므로 에너지 소모는 크지만 피로감이 적고 회복도 대단히 빠른 것이 특징이다.

2) 피로의 원인

① 피로는 활동의 원천이 되는 당분이 많이 소모되거나 당분의 균형이 깨질 때 생긴다.
② 작업이나 운동 등을 실시함으로써 몸속에 젖산과 같은 피로물질이 축적될 때 피로를 느끼게 된다.
③ 정신적 작업이나 반복되는 운동에 의해 신경기능이 저하될 때 피로를 느끼게 된다.

3) 피로회복 방법

① 젖산의 제거
② 휴식과 수면
③ 영양공급

4) 만성피로 증후군

만성피로는 정식 병명은 아니지만 보통 육체적으로 일어나기 쉬운 피로와는 성질이 조금 달라서 상당히 정신적인 영향이 크다.

(1) 만성피로 원인

실제로 몸의 어느 한 곳이 뚜렷하게 아픈 것도 아니어서 그 원인
 을 찾기란 쉽지 않다.

① 생리적 요인

- 신체적 운동 증가로 피로가 누적될 경우
- 불충분한 휴식으로 피로가 생기는 경우
- 정착성 생활방식으로 인한 경우
- 환경적으로 스트레스를 받는 경우
- 신체적 장애로 노동의 요구수준과 부합하지 않은 경우

② 습관적 요인

- 습관성 카페인 상용, 알코올 중독, 기타 물질 남용으로 인한 경
 우

③ 정신, 사회적 요인

- 우울증, 기분부전증 및 애도, 불안 관련 장애
- 스트레스 반응으로 피로가 발생

(2) 만성피로 검사

면역검사, 틸트 체이블 검사, 뇌 단층촬영, 뇌 스펙트 촬영 등

(3) 만성피로 증후군의 근거

- 예전과는 다른 피로감이 6개월 이상 지속된다.
- 쉬어도 피로감이 계속된다.
- 피로해서 직상 생활의 능률이 심각하게 떨어졌다.

(4) 만성피로의 치료법

① 원인질환의 치료: 약물과 함께 지속적인 상담

② 행동요법: 어느 때에 피로가 가장 심한지, 어느 때가 가장 컨디션이 좋은지를 알아내서 계획을 세우는 것이 중요

4. 우울증 정의 및 해소방법

1) 우울증 정의

우울증(憂鬱症, Depression)은 우울감과 활동력 저하를 특징으로 하는 정신적 상태 양상은 다양하나, 주로 우울한 기분, 의욕·관심·정신활동의 저하, 초조(번민), 식욕 저하, 수면의 증가 또는 감소, 불안감 등이 나타난다. 대인관계, 스트레스, 경제적 문제 등으로 인한 일시적인 우울감은 인간 심리에 있어 자연스러운 일이나, 그 정도나 기간 등이 비정상적인 경우 병리적인 상태로 볼 수 있다. 현대 정신의학에서는 심한 우울증 상태가 반복적으로 나타나는 경우 주요 우울장애(반복성 우울장애)로 분류하여 심리적·약물적 치료를 행하고 있다. 이 외에 증상이 유사한 여러 우울장애가 분류되어 있다. 세계 인구의 2~3%가 우울장애를 앓는 것으로 조사될 정도로 우울증은 드물지 않은 질환이나, 심각하게 발전하는 경우 생명을 위협할 수 있는 병으로 한국 복지법에서는 조현병, 양극성 장애와 더불어 호전의 기미가 보이지 않는 우울장애를 정신장애로 인정하고 있다.

2) 우울증 해소를 위한 좋은 음식

 양배추, 호두, 등푸른생선, 현미밥, 맥주, 바나나 등.

 미국 암 학회는 양배추가 스트레스를 감소시켜 준다고 발표했고, 맥주의 효모 속에는 비타민 B군이 풍부하고 아미노산 등이 많아 우울증을 예방해 준다고 한다. 아미노산은 우울증 치료에 중요한 물질이라고 한다. 현미는 혈당을 낮추고 감정의 기복을 줄여주는 효과가 있다. 바나나는 도파민과 세로토닌을 활발하게 하는 기능을 한다. 도파민은 기분이 좋을 때 발생하는데 파킨슨병 등 신경성 질환을 보호해 준다. 세로토닌은 신경을 안정시키고 짜증을 감소시켜 바나나를 섭취하면 항우울제 역할을 한다.

3) 우울증 예방 8가지 지침

 ① 정기적인 자가 검진
 ② 긍정적인 마음으로 웃기
 ③ 음주와 흡연 금지
 ④ 사람들과 만남 갖기
 ⑤ 규칙적인 수면
 ⑥ 규칙적인 운동
 ⑦ 균형 잡힌 식사
 ⑧ 도움 요청하기

5. 스트레스와 우울증에
   이로운 음식과 해로운 음식

건강에 이로운 음식의 예로는 브로콜리, 사과, 고등어, 카레 등을 들 수 있다.

브로콜리는 루테인이라는 눈에서 시각기능을 담당하는 황반의 구성성분이 들어 있어 황반 변성을 예방할 수 있다. 이때 브로콜리는 생으로 먹는 게 좋다고 한다.

사과에는 섬유질, 칼륨, 비타민 C 등 무기질이 많이 함유돼 있고 폴리페놀성분은 성인병을 예방해 준다고 한다.

고등어는 등푸른생선인데 이에 포함되어 있는 DNA 성분은 뇌세포를 활성화시켜 아이들의 두뇌발달에 영향을 준다고 한다. 또한 혈압을 낮춰주고 노인들의 치매 예방에도 좋다고 한다.

카레는 카레 가루에 열 가지 넘는 강한 향신료가 들어 있어 위장을 튼튼하게 해주며 항암효과가 있다고 한다.

건강에 해로운 음식에는 계란 노른자, 라면, 설탕이 많이 함유된 음식, 패스트푸드 등을 들 수 있다. 계란 노른자에는 몸에 해로운 저밀도 콜레스테롤이 많아 몸에 좋지 않다고 한다. 특히 다이어트를 하는 사람들은 꼭 피해야 한다. 라면 수프에는 화학조미료들이 많이 들어 있어서 해로울 뿐만 아니라 라면 자체의 열량 또한 매우 높다고 한다.

설탕을 많이 함유한 음식은 면역력을 떨어트릴 뿐만 아니라 집중력이 떨어지고 인슐린이 과다 분비되어 저혈당이 되고 스트레스 호르몬이 과다 분비되어 짜증을 유발시킨다고 한다. 패스트푸드는 열량이 높을 뿐만 아니라 혈액 내에서 몸에 해로운 중성지방과 고밀도 콜레스테롤을 증가시키고 무엇보다도 심장에 혈액을 공급하는 관상동맥을 막아 심근경색과 협심증 등을 유발한다고 한다.

6. 운동을 통한 스트레스 및 우울증 해소

피로회복에 좋은 운동과 적당한 운동 시간, 운동량은 일반적으로 에너지 생성과정의 총량이라고 하지만 단시간 안에 생기는 에너지 생성과정과 그 지속 시간을 곱하는 방식으로 구할 수 있다.

운동의 종류에는 운동에 필요한 에너지를 만들어내는 방법에 따라 유산소운동과 무산소운동으로 나누며, 또한 충격의 정도에 따라 고충격 운동과 저충격 운동으로 나눌 수 있다. 운동은 자기에게 알맞게 해야만 큰 효과를 얻을 수 있으며, 따라서 그 기준을 알아두어야 한다.

운동 시간은 최소한 하루 20분을 해야 효과적이며 30~60분이 바람직하다.

운동 강도는 자기 운동능력의 50~80% 범위 내에서, 운동 시간은 하루 20~60분 정도에 일주일에 3~5일 운동하는 것이 이상적이다.

운동의 내용은 안전하고 유효하고 아울러 즐거움을 갖는 것이 중요하며 양손, 양발을 사용하는 리듬이 있는 전신운동이 바람직하다.

호흡을 잘 할 수 있는 정도의 유산소운동을 하는 것으로 속보, 조깅, 수영, 에어로빅 등이 있다.

제 14 장

MZ세대 생활 건강과 운동

중점학습내용: 1. MZ세대 정의   2. MZ세대 영양   3. MZ세대 질병

Key word: MZ, MZ질병, MZ영양

1. MZ세대의 정의

MZ세대는 Millennial(밀레니얼 세대)과 Generation Z(지엔더Z 세대)를 합친 용어로, 1980년대 후반부터 2010년대 초반까지 출생한 세대를 지칭한다. 이 세대는 기술 및 인터넷의 발달과 함께 자연스레 디지털과 융복합적인 환경에서 성장한 만큼, 다양한 전자기기를 널리 사용하며 소셜미디어에 익숙하다. 이 때문에 MZ세대는 필수적인 라이프스타일로 SNS 사용, 온라인 멤버십, 모바일 결제 등을 높은 수준으로 활용한다. 비상장법인인 스타트업에서의 일을 선호하며, 또한 다양한 경험과 창의성을 추구하기 때문에 일을 정해진 경력에서 유연한 직업 교환 또는 창업을 많이 시도한다. 무엇보다도 온라인으로 일하는 것은 평생직장에 대한 기대감이 없어지는 것을 나타낸다. 이러한 MZ세대의 특징을 파악하면, 기업과 교육기관에서 정확한 대처와 대응이 필요하며, 정책입안 등에 방향성을 제시하는 데 도움이 된다.

실제로 MZ세대와 다른 세대를 비교했을 때 MZ세대가 가지고 있는 자기의식이나 가치관 등이 기성세대와 비교해서 극명한 차이를 드러내지 않는 것을 보여준다. X세대와 베이비붐세대도 젊은 시절에는 나름의 가치관과 판단을 하고 공정성을 중요시하며 그 시절의 기성세대에 도전하며 살아왔다. 이렇게 지금의 MZ세대와는 크게 차이가 나타나지 않는 것으로 판단된다.

좀 더 나은 세상을 원하고 나은 가치관을 가지려고 하는 경향은 어느 한 세대에만 국한되어 나타나지 않는다는 것이다. 베이비붐세대와 X세대도 그들이 젊었을 적 기성세대에 도전하고 자기를 표현하는 것에 있어서는 지금의 MZ세대와 다르지 않다. 실제로 말해지고 있는 기성세대와 MZ세대의 갈등은 MZ세대가 독특한 가치관을 가지고 있기보다는 소통의 어려움에 있다고 볼 수 있다.

시대의 변화 속에서 세대 간 소통은 점점 어려워지고 있지만, 서로를 존중하여 구세대는 새로운 세대와의 소통을 위해 디지털 지능을 높이려고 힘써야 하고, 신세대는 다소 느리게 걸어온 구세대를 위해 아날로그 지능을 높이면서 접점을 찾을 필요가 있다.

2. MZ세대 영양

1) 영양제

영양제는 식품이나 음식으로부터 얻기 어려운 영양소를 보충하기 위해 별도로 제조된 제품이다. 영양제는 비타민, 미네랄, 아미노산, 지방산, 허브 추출물 등의 형태로 제공될 수 있으며, 주로 정제된 형태로 판매된다.

MZ세대의 영양제 필요성은 여러 가지 요인으로부터 생길 수 있다. 일반적으로 식습관의 변화, 스트레스, 활발한 활동, 기타 생활 양식의 변화 등이 영양소 섭취에 영향을 미칠 수 있다.

이에 따라 영양제는 영양 소실이나 부족을 보완하고 건강한 생활을 지원하는 데 도움이 될 수 있다.

MZ세대는 현대사회에서 빠른 생활 속도, 급속한 변화, 고도의 스트레스 등에 직면하고 있다. 이로 인해 영양소 섭취가 부족할 수 있으며, 이는 영양결핍과 관련된 건강문제를 야기할 수 있다. 예를 들어, 불규칙한 식사, 패스트푸드 소비 증가, 신체활동 부족, 수면 부족 등은 영양 섭취의 부족을 초래할 수 있다.

또한, MZ세대는 종종 스트레스와 정신적인 압박을 경험할 수 있다. 스트레스는 영양 섭취에 영향을 미칠 수 있으며, 스트레스 관리와 면역력 강화를 위해 영양제를 고려할 수 있다. 예를 들어, 면역 시스템을 강화하기 위해 비타민 C나 아연을 함유한 영양제를 섭취하는 것은 도움이 될 수 있다. 또한, 일부 MZ세대는 특정 식단 양식을 선호하거나 특정 식품을 제한하는 경향이 있다. 이로 인해 영양소 섭취의 부족이 발생할 수 있으며, 이를 보완하기 위해 다양한 영양소를 함유한 영양제를 고려할 수 있다.

3. MZ세대 질병

대표적으로 비만, 당뇨, 고혈압이 있다.

먼저 비만은 에너지의 섭취와 소비 불균형으로 초래되며, 유전적 요인과 사회환경적 요인이 상호적으로 복잡하게 연관되어 발생한다. 또한, 현대사회의 농산물 및 가공식품의 생산 증가로 인한 풍부한 식량 공급, 생활 수준 향상과 생활양식 전환으로 인한 외식 증가와 신체활동의 감소 등은 비만율을 증가시키는 사회환경적 요인이다. 세계비만연맹(World Obesity Federation)은 2030년까지 세계 여성 인구의 5분의 1, 남성 인구의 7분의 1에 가까운 약 10억 명이 비만이 될 것으로 예측하였다(World Obesity Federation, 2022). 우리나라는 19세 이상 성인의 비만 유병률이 2010년 31.4%, 2015년 34.1%, 2020년 38.4%로 계속해서 증가하면서 성인 3명 중 1명이 비만인 높은 수준을 유지하고 있다(Ministry of Health and Welfare, Korea Disease Control and Prevention Agency, 2022).

그다음으로 당뇨병은 주로 중장년층에서 발병하는 질환이지만 국민건강보험공단 자료를 이용한 '최근 10년간 국내 당뇨병 상병 청구 행태의 변화와 특성'에 대한 연구보고서(송선옥 등, 2014)에 의하면 2005~2012년 당뇨병 청구 신규 등록과 관련하여 연도별 등록 비율은 30대 이하는 증가추세이며, 40대는 0.6~0.7% 정도로 유사, 50대 이하는 감소추세를 보였다고 발표하였다.

20~30대에 발병한 당뇨질환자의 경우 유병 기간을 더 오래 갖게 되어, 자기관리를 소홀히 할 시 합병증 발생 위험도가 높아진다. 따라서 급·만성 합병증을 예방하고, 삶의 질을 향상하기 위해서는 혈당 조절과 적절한 운동이 요구된다.

마지막으로 고혈압은 혈관 내 압력의 증가 및 동맥경화 촉진 작용을 하여 장기의 손상을 일으키며 손상되는 주요 표적 장기는 심장이다. 보건복지부에서 공개하고 있는 2010년 우리나라 만성질환 현황에 따르면 사망 원인 질환별 사망률 중 심장질환 및 고혈압성

질환으로 인한 사망률은 악성 신생물(암)로 인한 사망률을 제외하고 전년도에 비해 가장 많이 증가하였다.

또한 우리나라 만 30세 이상 성인의 고혈압 유병률은 꾸준히 증가하고 있으며 2010년 유병률 26.9%로 우리나라 성인에게 흔한 질환이다.

4. MZ세대 운동

1) 서킷 형태의 근 신경훈련(Circuit Type Neuromuscular Training, CTNT)

첫 번째로는 CRT와 NT가 결합한 서킷 형태의 근 신경훈련 (Circuit Type Neuromuscular Training, CTNT) 서킷 저항 훈련 (Circuit Resistance Training, CRT)은 운동 사이에 짧은 휴식 간격으로 가벼운 무게를 여러 번 반복하는 것을 포함하는 프로그램이다.

근 신경훈련(Neuromuscular Training, NT)은 저항(Resistance), 동적 안정성(Dynamic Stability), 균형(Balance), 코어 근력(Core Strength), 플라이오메트릭(Plyometric) 및 민첩성(Agility) 등과 같은 구체적인 생체 요소들과 컨디셔닝 활동들을 통합하여 체력 향상과 부상 예방이 목적인 훈련 프로그램으로, CTNT는 코어, 플라이오메트릭 및 균형 훈련을 강조한 프로그램이며, 준비운동(10분), 본운동(30분), 정리운동(10분)으로 구성하고, 운동 강도는 운동 자각도(Rating of Perceived Exertion, RPE) 12~16으로 설정한다.

시간	유형	강도	주기
준비운동 (10분)	동적 스트레칭		
메인 운동 (30분)	스쾃 러시안 트위스트 with 메디신볼 전진 점프 무릎 대고 엎드려 손발 엇갈려 들기 런지 with 메디신볼 메디신볼 던지기(사이드) 박스 점프	1~2주: 2세트 3~4주: 3세트 5~6주: 4세트 세트당 휴식: 3분 * 2주 간격으로 운동 세트 수를 증가	6주 동안 2~3주 시행
정리 운동(10분)	정적 스트레칭		

RPE 지수	심박수	호흡	훈련 강도	심장박동 정도(%)	운동 타입
12	100~129	숨이 깊어지지만, 여전히 편안하게 대화를 할 수 있는 정도	2	60~70%	가벼운 근력 회복 운동
13		대화를 이어가기엔 숨쉬기가 다소 힘들어지는 것이 느껴진다	3	70~80%	유산소운동
14	130~139				
15	140~149	숨쉬기가 힘들어지기 시작한다	4	80~90%	무산소운동
16	150~159				

서킷 형태의 근 신경훈련(Circuit Type Neuromuscular Training, CTNT)의 장점과 효과로는 짧은 시간과 공간의 사용 측면에서 경제성과 효율성이 높으므로 MZ세대에게 적용할 수 있는 대안적인 운동 방법이며, 체지방량 증가, 체지방량 감소, 심폐 체력 향상, 근력 향상의 효과를 볼 수 있다.

2) 수영

수영은 대표적인 유산소운동으로 여러 건강학적 이점을 갖는다.

수영은 물의 부력으로 인해 90% 정도 체중의 영향을 받지 않으므로 고도비만, 관절염 환자 및 근골격계 재활치료에 널리 이용되고 있으며, 공기 저항보다 5~40배까지 높은 물의 저항으로 인해 유산소운동과 더불어 근력운동의 효과를 동시에 얻을 수 있다.

또한 체중 감소, 혈중 지질 및 인슐린 민감도 개선 등 심혈관계 위험 요소 개선에도 긍정적 효과가 보고되고 있다. 그뿐만 아니라, 수영은 성인들에게 선호도가 매우 높은 운동이며 접근 용이성, 경제적 그리고 대중적이라는 사회학적 장점도 갖고 있다. 이에 따라, 여러 국제 건강 관련 기구에서는 수영을 유산소운동이라는 카테고리 하에 고혈압 및 심혈관계질환 개선을 위한 운동으로 권장하고 있다.

다만, 수영 운동은 운동 직후 일시적으로 동맥 경직도를 증가시키는 것으로 나타났기에 심혈관계질환에 대한 위험도가 높은 사람들에게 수영 운동은 주의 깊게 적용되어야 할 것으로 생각한다.

20대의 생활체육 참여율(주 1회, 30분 이상 규칙적 체육활동)은 2019년 69.2%였으나 2021년에는 63.6%로 5.6% 감소하였다. 2019년 12월에 발생된 코로나19 팬데믹 현상으로 대부분 대학교가 비대면 수업으로 학사 운영 방법을 변경하였으며, 그 여파로 MZ세대들의 체육활동을 포함한 대부분의 신체활동이 감소하고 있다.

이러한 신체활동의 감소에 따른 MZ세대의 체력 저하와 관련 질병들이 높아지고 있는데, 관련된 질병으로는 대표적으로 비만, 당뇨, 고혈압이 있다.

MZ세대에게 이러한 질병들을 예방하고 건강과 체력을 키울 수 있는 운동으로 경제성과 효율성이 높고 체지방량 증가, 체지방량 감소, 심폐 체력 향상, 근력 향상의 효과를 볼 수 있는 서킷 형태의 근 신경훈련(Circuit Type Neuromuscular Training, CTNT)과 유산소운동과 더불어 근력운동의 효과를 동시에 얻을 수 있는 수영을 추천한다.

제 15 장

MZ세대 리더십

중점학습내용: 1. 리더십 정의   2. 리더십 종류   3. 리더십 Self Test

Key word: 변형적 리더십, DISC, 자존감

1. 리더십 정의

리더십이란 무엇인가? 리더십에 관한 정의를 논하기 전에 앞서 먼저 리더가 무엇인지 알고 넘어갈 필요가 있다. 리더는 무엇을 뜻하는가? 조직의 목적을 달성하려고 하는 운동력이다. 앨런 케이스(Alan Keith)는 "리더십은 궁극적으로, 대단한 일을 일으키는 데에 사람들이 공헌할 수 있게 하는 방법을 만들어내는 데 대한 것이다"라고 정의한다.

지도력은 조직 환경에 가장 중요한 관점 중 하나로 남아 있으나 지도력은 상황별로 다르게 정의된다. 일반적으로 지도력은 조직의 문제점을 개선하고 조직이 환경 변화에 적응하게 하며, 구성원에게 동기를 부여한다.

2. 리더십 종류

1) 위임적 리더십(자유방임주의)

이 유형은 밖으로 드러나지 않는, 다른 사람에게 활동을 맡기는 일이 많다. 자신의 활동은, 다른 사람에게 활동량을 분배하는 일이다. 이것은 그룹원이 특히 잘 훈련된 경우나, 자신들을 잘 지도해 줄 지도자를 기다리고, 그 지시에 순응하는 경우에 잘 적용되는 리더십이다.

말하자면, 이 유형의 리더는 지시사항을 내려 그룹원을 인도하고, 그룹원 사이의 의사소통을 장려하고 관장한다. 이 위임적 리더의 위험성은, 리더십이 필요한 상황이 발생해도, 이에 간섭하지 않으려는 성향이 있다는 것이다.

간섭하지 않고 위임하는 것도 어쩌면 죄가 될 수도 있다. 모든 요소를 무력화시키는 상황이 발생하는 것은 의외로 쉬운 일이다. 특히 소설『반지의 제왕』속의 간달프가 좋은 예일 것이다.

2) 독재적 리더십

1번 유형과는 정반대로, 독재적 리더는 상황에 대개 간섭하는 부류의 리더이다. 그들의 그룹은 한 방향대로만 가야 하며, 그 리더는 오로지 말만 전하고, 그룹원의 의견을 잘 듣지 않는다. 반면에, 자신의 그룹을 통솔하고자 하는 모습만 보인다. 이 그룹원들은 동기부여는 되어 있지만, 자신들의 일이 왜 이렇게 주어졌는지, 혹은 자신의 그룹에 대해 의문을 갖는 경우가 많다.

이 유형의 리더의 문제점은, 잘 준비된 그룹조차 실망하게 만들 수 있다는 것과, 리더 본인도 모르는 사이 그룹원들을 벼랑 끝으로 몰고 갈 수 있다는 점이다.

마지막으로, 이 독재적 리더는, 그 우월감으로 인해 자신이 이끄는 사람들에게, 위의 위험한 상황을 더 위험하게 만들 수도 있다. 전 영국 수상이자 철의 여인, 마거릿 대처가 이 독재자형 리더에 적합한 인물이라 할 수 있다.

3) 민주주의적 리더십

충분히 예상할 수 있겠지만, 이것은 서양식 정치의 이상형이라고 말할 수 있는 유형이다. 민주주의적 리더는 자신들 그룹의 의사소통을 최고로 효율적으로 만들고자 한다. 리더는 그룹을 이끌되, 그룹원들의 반응을 중요하게 생각하는 것을 항상 잊지 않는다. 사실, 꾸준한 그룹원과의 소통은, 이 유형의 대표적인 모습이라 할 수 있다.

민주주의적 리더는 잘 준비된 그룹에게는 적합하지만, 그 동기부여가 좀 부족한 경우가 많다. 잘 들어주는 것이 이 결점의 좋은 해결책일 수 있다. 그룹원들의 이야기를 들어주어 그들의 동기부여가 생기고, 그들의 목적에 좋은 밑거름이 될 테니까. 민주주의적 리더의 좋은 예시는 바로 전 남아공 대통령, 넬슨 만델라이다.

4) 거래적 리더십

거래적 리더십의 경우, 그 그룹의 목적에 중점을 두곤 한다. 이 유형의 리더는 그룹의 동기부여의 수호자로서의 역할을 다한다. 그들은 목적을 이룬 경우의 보상을 제시하며, 그 그룹에서 역할을 다하지 못하는 경우에는 벌을 내리기도 한다. 이것은 그룹의 흥미와 행동에 따라 달라진다.

만일 지도자가 자신의 일에 명석하고 똑똑하다면, 그룹에서 잘 해내지 못하는 일을 해낼 수 있도록 장기적으로 도와줄 수 있을 것이다. 말하자면, 동기부여가 그룹의 일 자체, 그리고 자신들이 하는 일과 깊게 연관되어 있다는 것이다.

그러므로, 외부직인 보상만이 주어질 수 있기 때문에, 이 유형의 리더는 자신들의 일을 매우 효율적으로 행한다.

이 유형의 리더의 위험성은, 자신들의 목표에 대해서만 안주하며, 자신들 그룹의 환경에만 치중하다 보니, 그룹의 경쟁성에는 큰 결점을 만들 수도 있다. 이 유형의 리더로는, 프로 스포츠팀의 감독을 들 수 있다.

5) 변혁적 리더십

변혁적 리더십을 가진 리더는, 바로 그룹의 동기에 중점을 두지만, 동시에 그룹의 활동 그 자체의 방향에서 관찰하는 경우가 많다. 물론 그룹의 목적을 이루는 것이 목적이지만, 다른 방면의 목적 또한 등한시하지 않는다. 이들의 수평적 목적은 매우 다양할 수 있다: 그룹원의 기술 습득, 그룹 내의 역동성, 환경 고려 등등이다.

이 유형의 리더는 그들의 그룹이 동기부여가 부족하고, 훈련도 덜 되어 있을 경우에 효과적이다. 그리고 그룹의 목적에 큰 위압감이 가해지지 않은 경우에도 마찬가지이다. 미국의 전 대통령, 존 F. 케네디가 좋은 유형이다.

3. SELF 리더십 테스트

1) DISC 정의 및 설문조사

일반적으로 사람들은 태어나서부터 성장하여 현재에 이르기까지 자기 나름대로의 독특한 동기요인에 의해 선택적으로 일정한 방식으로 행동을 취하게 된다. 그것은 하나의 경향성을 이루게 되어 자신이 일하고 있거나 생활하고 있는 환경에서 아주 편안한 상태로 자연스럽게 그러한 행동을 하게 된다. 우리는 그것을 행동 패턴(Behavior Pattern) 또는 행동 스타일(Behavior Style)이라고 한다. 사람들이 이렇게 행동의 경향성을 보이는 것에 대해 1928년 미국 컬럼비아대학 심리학 교수인 William Mouston Marston 박사는 독자적인 행동유형모델을 만들어 설명하고 있다.

Marston 박사에 의하면 인간은 환경을 어떻게 인식하고 또한 그 환경 속에서 자기 개인의 힘을 어떻게 인식하느냐에 따라 4가지 형태로 행동하게 된다고 한다. 이러한 인식을 축으로 한 인간의 행동을 Marston 박사는 각각 주도형, 사교형, 안정형, 신중형, 즉 DISC 행동유형으로 부르고 있다.

DISC는 인간의 행동유형(성격)을 구성하는 핵심 4요소인 Dominance, Influence, Steadiness, Conscientiousness의 약자이다.

2) DISC 설문조사

SELF 리더십 DISC 응답지

각 문항에서 최고치와 최소치를 한 개씩 고르십시오.

문항	최고	최소	문항	최고	최소	문항	최고	최소	문항	최고	최소
1 열정적인	□	□	**8** 호의적인	□	□	**15** 사람에게 호감 주는	□	□	**22** 재치 있는	□	□
대담한	Z	Z	세심한	★	N	생각이 깊은	★	N	내향적인	★	★
치밀한	Z	★	겸손한	▲	▲	의지가 굳은	Z	Z	강인한	Z	Z
만족해하는	▲	▲	참을성이 적은	Z	Z	일관되게 행동하는	▲	▲	쉽게 화내지 않는	▲	▲
2 신중한	★	★	**9** 사려 깊은	★	★	**16** 논리적인	★	★	**23** 남과 잘 어울리는	□	□
결단력 있는	Z	Z	남 의견에 잘 동의하는	▲	▲	과감한	Z	Z	점잖은	★	★
확신을 주는	□	□	매력적인	□	□	충실한	▲	▲	활기찬	Z	Z
호의적인	▲	N	화고한	Z	Z	인기 있는	□	□	너그러운	▲	▲
3 다정한	□	N	**10** 용감한	Z	Z	**17** 사교적인	□	□	**24** 매력 있는	□	□
정화한	★	★	격려하는	□	□	참을성 있는	▲	▲	흡족해하는	▲	▲
솔직하게 말하는	Z	Z	순응하는	▲	▲	자신감 있는	Z	Z	지시하는	Z	Z
변화가 적은	N	▲	수줍어하는	N	★	말씨가 부드러운	★	★	양보하는	★	★
4 말하기 좋아하는	□	□	**11** 내성적인	★	★	**18** 의존적인	▲	▲	**25** 자기주장을 하는	Z	Z
자제력 있는	★	★	호의적인	▲	▲	의욕적인	Z	N	체계적인	★	★
관습을 따르는	▲	▲	의지가 강한	Z	Z	철저한	★	★	협력적인	▲	▲
결단력 있는	Z		명랑한			활기 있는			즐거운	□	
5 도전하는	Z	Z	**12** 남을 격려하는	□	□	**19** 의욕적인	Z	Z	**26** 유쾌한	□	□
통찰력 있는	★	★	친절한	▲	▲	외향적인	□	□	정교한	★	★
사교적인	□	□	주의 깊은	★	★	친근한	▲	▲	결과를 요구하는	Z	Z
온건한	▲	▲	독립심 강한	Z	Z	갈등을 피하는	N	★	침착한	▲	▲
6 온화한	▲		**13** 경쟁심 있는	Z	Z	**20** 유머가 있는	□	□	**27** 변화를 추구하는	Z	Z
설득력 있는	□	▲N	생각이 깊은	▲	▲	이해심 있는	▲	▲	우호적인	▲	▲
겸손한	N	★	활발한	□	□	공평한	N	★	호소력 있는	□	□
독창적 아이디어	N	Z	자신을 잘 드러내지 않는	★	★	단호한	Z	Z	꼼꼼한	★	★
7 표현력 있는	□	□	**14** 세밀한	★	★	**21** 자제력 있는	★	★	**28** 공손한	★	★
조심성 있는	★	★	유순한	▲	▲	관대한	▲	▲	새롭게 시작하는	Z	Z
주도적인	Z	Z	완고한	Z	Z	활기 있는	□	□	낙천적인	□	□
민감히 반응하는	N	▲	놀기 좋아하는	□		고집스러운	Z	Z	도움을 주려 하는	▲	▲

3) SELF 리더십 DISC 결과

유형별 집계표

	최고치	-	최소치		합계	순위	기질
Z		-		=			D
□		-		=			I
▲		-		=			S
★		-		=			C
총합							

DISC 프로파일 그래프

D	I	S	C	구분
27~6	28~8	26~12	24~6	7
5~0	7~6	11~9	5~3	6
-1~-4	5~3	8~6	2~0	5
-5~-7	2~1	5~3	-1~-2	4
-8~-11	0~-2	2~0	-3~-5	3
-12~-14	-3~-5	-1~-4	-6~-8	2
-15~-27	-6~-26	-5~-27	-9~-26	1
				구분란
				유형

4) DISC 행동유형 결과

유형	관찰되는 행동	타인으로부터 기대하는것	자신의 일에대한 태도
전형적인 주도형 (D형)	1 자기중심적 2 듣기보다는 말한다 3 자기 주장이 강하다 4 의지가 강하다 5 힘으로 밀어붙이고 결의가 굳다	1 직설적 소통 2 존경받는것 3 자신의 리더십을 인정해주는것 4 간섭받지 않는것	1 권위와 권력 2 명예, 위신, 신망 3 도전성
전형적인 사교형 (I형)	1 듣기보다는 말한다 2 때로는 감정적이다 3 설득력이 있고 정치적인 감각이 있다 4 웃기거나 타인을 설득하려고 한다	1 친근하고 정직하며 유머러스 하다 2 자신의 생각, 감정 상태에대 들려준다	1 가시적인 인정과 보상 2 승인, 동조, 인기를 받는것
전형적인 안정형 (S형)	1 말하는것보다 질문한다 2 일관성이 있다 3 상냥, 상의하는것을 선호한다 4 인내심이 있다 5 변화에 소극적이며 말에 신중을 기한다	1 편안한 태도 2 상냥함, 우호적이다 3 자신의 가치를 인정하며 변화는 점진적으로 진행한다	1 가시적인 인정과 보상 2 승인, 종조, 인기를 받는것
전형적인 신중형 (C형)	1 규칙/규범을 준수한다 2 구조적, 조직적이다 3 실수를 하지않도록 주의한다 4 세부 목표에 스스로 입과한다 5 대인관계에서 외교적이다	1 최소한의 사교적 행동을 취한다 2 세부사항의 정확성이 있고 행동에 신뢰를 기한다 3 높은 기준	1 명확한 기대와 목표 2 자주성 3 진분섬의 인정 프로정신

4. 자존감 SELF 테스트

1) 자존감 정의

자아존중감(自我尊重感), 혹은 줄여서 자존감(自尊感)은 자신이 가치 있는 존재라고 생각하며 자신을 긍정적으로 받아들이는 감정을 말한다. 일상적 활용으로는 '자신을 사랑하는 감정' 정도로 사용된다. 자존심과 비슷한 표현이긴 하나, 용법상으로는 약간의 차이가 있다. 자존심이 타인이 나를 존중해 주고 받들어주길 바라는 감정이라면, 자존감은 내가 나 자신을 사랑하고자 하는 마음 정도로 쓰인다.

2) 자존감 SELF 테스트

> 문항번호 2,3,5,6,7,8,9,12,17,25,28,30: 예 1점, 아니요 0점
> 문항번호 1,4,10,11,13,14,15,16,18,19,20,21,22,23,24,26,27,29,
> 　　　　31,32: 예 0점, 아니요 1점

심리테스트 결과

30점 이상: 자존감이 아주 높다. 27~29점: 자존감이 높은 편이다.

20~26점: 자존감이 보통이다. 15~19점: 자존감이 낮은 편이다.

14점 이하: 자존감이 아주 낮다.

3) 자존감 SELF 설문지 테스트

구분	나는	예	아니요
1	당신은 친구가 적은 편입니까?		
2	평소에 삶의 기쁨을 누립니까?		
3	다른 사람들 못지않게 많은 일들을 해낼 수 있는 능력이 있습니까?		
4	대부분 자유시간을 혼자서 보내나요?		
5	당신의 성별에 만족하십니까?		
6	당신이 알고 있는 대부분 사람들이 당신을 좋아한다고 느끼나요?		
7	중요한 과제나 과업을 시도할 때 보통 성공하는 편입니까?		
8	당신은 지적 수준이 높은 사람입니까?		
9	당신은 스스로 중요한 인물이라 생각하십니까?		
10	쉽게 의기소침해지는 편입니까?		
11	할 수 있다면 자신에 대해 많은 것을 변화시키고 싶습니까?		
12	당신은 다른 사람 못지않게 잘생긴 편입니까?		
13	많은 사람들이 당신을 싫어합니까?		
14	평소 자주 긴장하거나 불안합니까?		
15	자신감이 부족합니까?		
16	자주 당신이 쓸모없는 존재라 느낍니까?		
17	다른 사람 못지않게 건강하고 튼튼합니까?		
18	감정이 쉽게 상하는 편입니까?		
19	당신의 견해나 감정상태를 표현하기가 어렵습니까?		
20	종종 자신에 대해 부끄러움을 느낍니까?		
21	왠지 이유 없이 자주 불안감을 느낍니까?		
22	대체로 다른 사람들이 당신보다 더 성공했다고 생각합니까?		
23	다른 사람들이 행복해 보이는 것처럼, 당신도 행복해지기를 원합니까?		
24	당신은 실패자입니까?		
25	당신은 당신이 생각하는 바를 좋아합니까?		
26	새로운 사람을 만나기가 쉽지 않습니까?		
27	화를 자주 내는 편입니까?		
28	대부분 사람들이 당신의 견해를 존중합니까?		
29	다른 사람들에 비해 예민한 편입니까?		
30	다른 사람들만큼이나 행복한 삶을 누립니까?		
31	무슨 일을 시도할 때 주도권을 잡는 능력이 부족하다 느낍니까?		
32	걱정이 많은 편입니까?		

5. 행동이론 SELF 테스트

1) 행동이론 정의

행동이론은 1950년대에서 1960년대에 발전한 리더십 이론으로서, 리더에 있어서 중요한 것은 특성이 아니라 오히려 다양한 상황에서 리더가 행동하는 것이며, 성공한 리더는 그들의 특별한 행동에 의해 결정된다는 것이다. 기본적으로 행동이론은 지도자의 행동에 의해 효과적인 리더와 비효과적인 리더가 구별된다는 것을 강조하는 이론으로서, 지도자의 행동이 지도력을 결정하는 요인이 되는 것을 의미한다.

2) SELF 테스트 설문지

거의 안 한다	매우 드물다	드물게 한다	때때로 한다	자주 한다	매우 자주 한다	거의 항상 한다
1	2	3	4	5	6	7

구분	나는	1	2	3	4	5	6	7
1	새로운 방법을 고안해 낸다.							
2	학교, 직장, 기타 활동 대표들에게 영향력을 행사한다.							
3	학교, 직장, 기타 내에서 각자가 책임져야 할 임무를 정해 준다.							
4	매일매일 일정한 스케줄에 따라 계속 진행시킨다.							
5	SNS, 뉴스, 기사, 책 등 좋은 정보 자료들을 비교하여 모순된 점을 찾아낸다.							
6	타인이 의사결정에 참여하도록 격려한다.							
7	창의적인 학습법을 적용해 본다.							
8	학교, 직장 등 운영에 관련된 고위층의 의사결정에							

구분	나는	1	2	3	4	5	6	7
	영향력을 행사한다.							
9	학교, 직장 등 목표를 명확하게 제시한다.							
10	가능한 학습이 지속적으로 이어지도록 한다.							
11	학습과정에서 얻어진 데이터를 근거로 후배를 도와준다.							
12	후배, 동기 한 사람 한 사람 세심하고 조심스럽게 대한다.							
13	학교, 직장, 동료들의 잠재력을 키워주기 위해 노력한다.							
14	학교, 직장 선배나 운영 관계자에게 영향력을 행사한다.							
15	정해진 목표를 달성할 수 있도록 촉구한다.							
16	정해진 스케줄에 따라서 지속적으로 진행시킨다.							
17	이미 목표 계획된 일정을 분석한다.							
18	동료, 후배, 선배 등의 의사결정에 관심을 갖도록 한다.							
19	학습 및 진로에 대하여 창의적으로 노력한다.							
20	학교, 직장 내부 의사결정에 영향력을 행사한다.							
21	학교, 직장 각자가 받을 책임을 구분지어 준다.							
22	문제점을 찾아낸다.							
23	애정과 관심을 준다.							

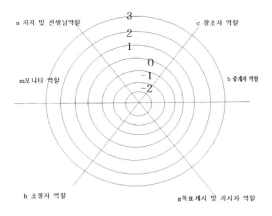

c: 창조자 역할   (1+7+13+19)/4=   ( )-3.8=

b: 중개자 역할   (2+8+14+20)/4=   ( )-3.4=

g: 목표제시 및 지시자 역할   (3+9+15+21)/4=   ( )-5.0=

h: 조정자 역할   (4+10+16+22)/4=   ( )-5.0=

m: 모니터 역할   (5+11+17)/3=   ( )-4.4=

s: 지지 및 선생님 역할 (6+12+18+23)/4=   ( )-4.5=

6. 스포츠 리더십

1) 리더십과 리더의 정의

리더십이란 리더가 일정한 상황에서 다른 구성원들로 하여금 조직이나 집단의 공통목표를 달성하는 데 영향력을 행사하는 모든 과정이다. 리더(leader, 지도자)는 lead(앞선다, 앞지른다, 지도한다, 선도한다)의 명사형으로 앞선 사람, 지도하는 사람, 선도하는 사람이란 뜻이다.

리더란 엄밀한 의미로 집단에서의 리더십(지도적 기능)이라는 관점에서 규정되어야 하며, 어떤 인기 있는 사람이나 대표자, 또는 문화 영역의 권위자 등과는 구별되어야 한다. 일반적으로 리더는 목표관리, 종업원의 동기부여 및 목표 설정 시 조언, 조직구성원들의 지속적인 행동을 이해해야 한다. 즉, 리더란 목표를 제시하고, 이 목표에 대해 구체적으로 설명하고 왜 이 목표를 달성해야 하는가를 의사소통을 통해 설득하고 납득시키며, 리더 자신이 그 목표달성을 위하여 솔선수범하여 열심히 일하는 것이라는 뜻이다.

리더십을 사용하는 리더에 대한 정의는 다양하다. 해이스와 토나스는 리더란 "타인을 통솔하는 데 필요한 여러 가지 기술을 소유한 자"라고 하였고, 캐틀은 "집단의 임무를 수행하는 데 있어서 가장 효과적인 변화를 만들어내는 자"라고 리더를 정의하였다. 리더란 상황과 역할에 따라 규정되는 것이며 시간의 흐름에 따라 지도자와 피지도자, 즉 상하의 위치가 바뀌기도 한다. 리더는 구체적인 집단의 종류와 그 성격에 따라 Oxford 사전에서 다음과 같이 여러 가지로 분류하고 있다.

① 지휘관: 목표달성을 위해 지휘, 명령, 통제, 처치하는 권위를 가진 자
② 사령관: 계급과 관계없이 독립적으로 행정과 작전에 대한 권한을 부여받은 자
③ 우두머리: 정치, 사회단체의 우두머리
④ 장: 공식집단 내에서 가장 높은 계급을 차지하고 있는 자
⑤ 관리자: 기업에서 특수한 기능을 수행하는 자
⑥ 집행자: 정부 각 부처에서 법을 집행하는 자
⑦ 중심인물: 기업체나 연극 등에서 중요한 역할을 담당하는 자
⑧ 오피니언 리더: 어떤 집단의 여론을 조성하고 선도하는 자
⑨ 엘리트: 어떤 집단에서 지도적인 역할을 담당하고 훌륭한 인격과 뛰어난 지성을 가진 자

위기 극복 능력도 중요하다. 팀을 이끌고 경기에서 승리한다는 것은 수많은 위기를 극복해 나가는 과정이다. 영국 프로 축구 맨체

스터 유나이티드를 26년간 이끌며 세계적인 명장으로 꼽히는 알렉스 퍼거슨 전 감독은 "내가 팀을 이끈 모든 순간에는 항상 위기가 따랐다"며 "그때마다 선수들과 단합했고, 그들에게 잠재된 5%의 능력을 끌어내 경기에서 승리할 수 있었다"고 말했다. 특히 퍼거슨 감독은 위기 상황에서 역사상 가장 위대한 코치라고 부른다. 2013년 5월 은퇴하기 전 알렉스 퍼거슨 감독은 가장 성공적이고, 가치 있는 스포츠 프랜차이즈 중 하나인 축구 클럽인 맨체스터 유나이티드의 감독으로 26시즌을 보냈다. 그 기간 동안 그 클럽은 13번의 잉글랜드 리그 우승과 함께 25번의 다른 국내 및 국제 트로피를 거머쥐었다. 퍼거슨은 코치 이상이었다. 그는 팀뿐만 아니라 전체 클럽을 관리하면서, 조직에서 중심적인 역할을 했다.

2) 스포츠 감독의 리더십 유형

용장(勇將), 덕장(德將), 지장(智將)으로 나뉜다. 용장은 카리스마형으로 강한 훈련을 실시하고, 완벽하게 짜인 방식대로 선수를 관리하고 운영한다. '나를 따르라'는 리더십으로 개개인의 의견이나 특징이 잘 반영되지 않는다. 그러나 결과를 빨리 낼 수 있다는 장점이 있다.

덕장은 선수를 이해하고, 나아가 마음을 움직일 수 있는 소통 능력이 뛰어난 감독을 말한다. 기본적인 규칙이 있지만 보다 자유로운 팀 분위기를 중요시한다. 결국 경기는 감독이 아니라 선수가 하기 때문이다. 덕장의 리더십은 장기적으로 선수, 팀의 능력을 최대한 끌어올리고 끈끈한 관계를 유지할 수 있다는 장점이 있지만, 원하는 결과가 늦게 나타난다는 단점이 있다. 지장은 수집한 선수, 경기 데이터를 바탕으로 전술을 짜는 감독이다. 감(感)도 중요하지만 승패를 가르는 결정적인 요인은 데이터, 확률에 있다고 믿는다. 그래서 늘 메모하고, 분석한다.

전문가들은 세 가지 리더십을 적절히 활용해야 한다고 말한다. 상황이 지속적으로 변하기 때문에 한 가지 스타일만 고집하다가는 좋은 성적을 낼 수 없기 때문이다. 미국 기업·스포츠 경영컨설팅업체 존고든컴퍼니의 존 고든(Jon Gordon) 대표는 "기업 최고경영자(CEO)나 스포츠팀 감독이나 과거 성공 전략에 집착하면 한순간 무너질 수 있다"며 "문제점을 개선하고 상황에 맞는 리더십을 구축해 나가야 한다"고 말했다.

스포츠 조직은 선수 개인 역량과 팀 전술, 문화 등 내적 요인과 경기 대진 등 환경적인 요인이 작용해 힘을 발휘한다. 팀 전력으로, 이는 선수 한 명만 잘한다고 강해지지 않는다. '팀보다 위대한 선수는 없다'는 말은 스포츠 세계의 철칙이 된 지 오래다. 팀을 만들고 이끄는 감독의 역할이 무엇보다 중요하다는 것이다.

3) 리더십과 영향력

어떤 사람은 영향력을 독점하면서 지배하는 역할만 맡고 어떤 사람은 복종하는 역할만 맡는 것이 아니라, 상대방에게 영향력을 발휘하면서 또 한편으로는 함께 동조하고 서로 밀어주고 이끌어가기도 하면서 조직목표를 달성해야 한다.

리더가 행사하는 영향력

구성원들과 다른 전문화된 리더의 역할	구성원들과 공유된 영향력
• 추구할 전략과 목표의 선택	• 구성원의 능력과 자신감 개발
• 목표를 달성하도록 구성원들을 독려	• 구성원들의 신지식 학습과 공유
• 구성원들간의 상호신뢰 및 협력	• 외부인과의 지원과 협력 조율
• 업무활동의 조직과 조정	• 공식구조, 프로그램, 시스템의 설계
• 목표달성 업무를 위한 자원의 배분	• 구성원들과 신념과 가치관의 공유

4) 리더의 역할

사람은 자신의 노력을 통해서 성공할 수 있지만 그렇지 못한 사람은 윗사람의 리더십에 의해서 성공할 수 있다. 이와 같이 윗사람이 가지고 있는 자질을 '리더십'이라고 표현하는데, 잘 이끌어주고 지도해 준다는 의미이다. 전통적으로 리더십은 '윗사람이 아랫사람을 다스리는 방식'으로 이해되었지만 오늘날은 다른 의미로 변화하고 있다.

리더의 역할에 대해서는 '한 마리의 사자가 이끄는 양 떼는 한 마리의 양이 이끄는 사자 떼를 이긴다'는 말에서도 찾아볼 수 있다. 이 경우 리더는 방향감각, 정보감각, 지혜로움 등이 남보다 뛰어나야만 한다. 즉, 많은 추종자들을 올바로 끌고 갈 만한 능력이 있어야 한다.

(1) 대인관계의 역할에서 조직의 대표로서의 역할, 리더로서의 역할, 연결자로서의 역할을 담당

(2) 리더로서의 역할은 조직을 관리하고 조직의 목표를 수행

(3) 연결자(liaison)로서의 역할로는 외부와의 관계에서 조직의 내부와 연결을 수행

(4) 정보처리의 역할로는 정보를 모니터링하는 역할, 정보를 확
    산시키는 역할, 내부의 정보를 외부로 전할 때 대변인의 역
    할을 수행

(5) 의사결정 시 리더의 역할은 기업가 역할, 문제 해결자 역할,
    자원 분배자 역할, 중재자 역할을 수행

5) 보스와 리더의 차이

리더는 '우리'라고 말하고, '가자'라고 말하지만 보스는 '나'라고
말하며, '가라'라고 말한다. 사전의 뜻을 빌리면, 보스는 '실권을 쥐
고 있는 책임자'이고, 리더는 '조직을 이끌어가는 중심적인 위치에
있는 사람'이다. 모든 보스가 리더를 의미하지는 않는다. 물론 리더
십에 대해 끊임없이 고민하고 계발한 보스들은 좋은 리더일 확률이
높겠지만, 많은 보스들은 그저 직급이 높을 뿐일 수도 있다.

(1) 보스 특징

① 명령하고 평가하기를 좋아한다.

② 조직을 움직이기 위하여 자극제로서 '두려움'을 사용한다.

③ 자신은 큰 그림을 그린다고 생각하고, 말뿐으로 직접 나서는
   경우가 드물다.

④ 구성원들에게 대우받기를 원한다.

⑤ 회의를 하거나 행사에 참여 시, 동석자의 '급'에 대해 민감
   하다.

⑥ 최종 의사결정권자가 자신이라는 것을 모두에게 인식시키고
   자 노력한다.

(2) 좋은 리더

① 자신이 직접 일을 추진하고, 일이 잘 안 되었을 때의 모든 책임을 자신에게 돌린다.

② 한 사람 한 사람이 조직을 위해 최선을 다하도록 열정을 불어넣는다.

③ 자신의 대우에 신경 쓰기보다는 팀원들의 마음이 불편한 것이 없는지 살핀다.

④ 구성원들의 결과에 대해, 잘못된 것을 지적하기보다는 합리적으로 교정해 준다.

6) 리더십의 종류

리더십의 종류는 다음과 같이 5가지 형으로 분류할 수 있다. 즉 혁신주도형, 카리스마형, 윤리형, 코칭형 및 셀프형이다.

(1) 혁신주도형 리더십

① 아랫사람을 변형(變型: Transform)

② 비전을 통한 단결 능력

③ 비전의 전달 능력

④ 신뢰의 확보

우선 혁신주도형 리더십은 아랫사람을 변화시키며, 비전을 제시하여 단결시키고, 신뢰를 바탕으로 팀을 이끌어가는 형이다. "시대가 영웅을 만든다"는 말이 있듯이 아무리 특출한 능력을 가진 리더라고 하더라도 일상적이고, 평범한 상황 속에서는 평범한 사람과 크게 구별되지 않는다. 그러나 혼란이 가중되고 일상적인 방법으로 해결할 수 없는 위기상황이 오면 잠재된 리더십이 모습을 드러내게 된다. 혁신주도형 리더의 대표적인 예로는 영화 <Brave Heart>를 통해서 잘 알려진 스코틀랜드의 민족 영웅 "윌리엄 월레스를 들 수 있다. 중세(13C)에 영국과 스코틀랜드 사이에 벌어졌던 독립항쟁에서 영국 왕 에드워드 1세가 스코틀랜드 왕위까지 집어삼키려 하자 등장한 스코틀랜드의 민족 영웅 "윌리엄 월레스"는 우리 민족에게 자유를 달라"라는 외침으로 민족을 규합하여 항쟁하다 참수형을 당한 인물이다.

(2) 카리스마적 리더십

① 자기확신

② 인상 관리

③ 이데올로기(비전)

④ 솔선수범

⑤ 감정적 호소

카리스마적인 리더십은 자기확신이 넘치고, 인상 관리에 철저하며, 비전 제시와 솔선수범을 통하여 팀을 이끄는 형이다. 특히 팀원들을 감정호소를 통하여 리드하는 형이다. 대표적인 인물은 무솔리니나 정주영 회장을 들 수 있다.

(3) 윤리적 리더십(섬김의 리더십)

① 정직하고 떳떳해야 부하들이 리더를 신뢰함

② 신뢰받는 리더는 효과가 큼

③ 신뢰 얻는 방법은 정정당당함과 떳떳함

윤리적 리더십은 리더의 정직성과 신뢰를 바탕으로 하는 섬김의 리더십이다. 섬김의 리더십은 세계적인 경제학자인 미국의 로버트 그린리프(Robert K. Greenleaf)가 1977년 저술한 책 <Servant Leadership(종의 리더십)>에서 처음으로 정립한 개념이다. 현대사회는 구성원들의 감성을 이해하고 배려하여 마음을 움직일 수 있는 리더십을 절실히 필요로 하고 있는데 그것이 바로 '섬김의 리더십'이다.

(4) 코칭 리더십

① 외부와의 연결자 역할함

② 문제에 부딪혔을 때 회의와 협상을 주선하고, 외부에 도움을 요청하며, 문제 해결을 주도함

③ 팀원 간 갈등을 해결함

④ 팀원들의 장단점을 알려주는 스포츠팀의 코치 역할을 함

⑤ 코칭 리더십은 외부와의 연결자 역할을 하며, 문제에 부딪혔을 때 회의와 협상을 주선하고, 외부에 도움을 요청하며, 문제 해결을 주도한다. 팀원 간의 갈등을 해결하기 위하여 노력하며, 팀원들의 장단점을 알려주는 스포츠팀의 코치 역할을 하는 리더십이다. 코칭 리더십의 대표적인 사람은 2002년 월드컵 4강 진출을 주도한 히딩크 감독을 들 수 있다.

(5) 셀프 리더십

① 리더 없이 스스로 자신을 리드함

② 모범적인 모델을 만들어 훈련함

③ 자신 스스로를 통제하는 능력

셀프 리더십은 자신을 리드하고 모범적인 모델이 되기 위하여 훈련하며, 자신을 통제할 수 있는 능력을 갖춘 리더십이다. 셀프 리더십을 보인 대표적인 사람은 IBM의 왓슨 회장과 마이크로소프트사의 빌 게이츠 회장을 들 수 있다.

7) 리더의 행동

① 신뢰를 쌓는 행동이다.

② 위대한 리더와 조직이 성공하기 위한 최고의 방법은 신뢰를 쌓는 것이다. 신뢰는 단지 리더가 갖춰야 할 덕목일 뿐만 아니라, 깊은 인간관계, 빠른 성과와 견고한 수익을 가져오는 실질적인 비결이다.

③ 용기를 보이는 행동이다.

④ 신뢰받는 리더는 위험을 감수해야 한다. 위험을 무릅쓰고자 하면 두려움이 몰려오기 마련이고, 이때 필요한 것이 바로 용기다. 진실한 관계를 형성하기 위해 하던 일을 멈추는 것이 일을 중단하는 것처럼 보일 수 있다. 이런 부분에서는 훈련이 필요하다.

⑤ 도전하는 행동이다.

⑥ 혁신에 도전하는 용기와 행동을 갖춘 리더이다. 내일 우리가

어떻게 될지 모르는 불확실성 시대에 새로운 것에 도전하는 용기를 갖추고 위기를 대처할 수 있는 리더이다.

⑦ 집중하는 행동이다.

⑧ 결정적인 순간, 당신은 어떤 결정을 내릴 것인가? 리더는 위험이 닥쳤을 때 문제에 집중하여 어떠한 결정을 하고 어떻게 행동할 것인지를 신속하게 결정할 수 있어야 한다.

⑨ 효과적인 의사소통을 한다.

⑩ 변화된 시대에 맞는 새로운 비전을 제시할 수 있는 리더가 필요하다. 기업조직에서 벌어지는 수많은 문제의 원인이 빈약한 커뮤니케이션에 있다는 사실은 그리 놀라운 일이 아니다. 사회 심리학자들은 메시지가 전달되는 과정에서 대개 처음 메시지가 가진 의미의 40~60%가 상실된다고 추정하고 있다. 21세기 새로운 시대, 새로운 노동자를 이끌 리더의 새로운 덕목은 무엇인가? 변화된 시대에 맞는 새로운 비전을 제시할 수 있는 리더가 필요하다.

갈수록 조직은 거대해지고 글로벌화되어 가며 업무는 전문화되고 직원들은 개인화가 심해지고 있다. 이러한 상황에서 조직을 하나로 모아서 조직이 달성하고자 하는 방향으로 이끌 리더라는 구심점이 필요한 것이다. 또한, 자기철학의 리더십을 갖춘 리더가 필요하다. 자신만의 원칙과 기준을 세우고 실천한 사람은 과정 속의 고난을 극복한 사람이기에 그들의 경험은 다른 사람들에게도 영향력을 미치기 때문이다. 그리고 혁신에 도전하는 용기와 행동을 갖춘 리더가 필요하다. 오늘날과 같은 불확실성 시대는 새로운 것에 도전하는 용기를 갖추고 위기에 대처할 수 있는 리더가 필요한 때라고 할 수 있다.

7. 스포츠 감독 리더십 사례 및 명언

1) 호셉 과르디올라 감독(영국 프로 축구 맨체스터시티)

젊은 감독 과르디올라는 세계가 주목하는 명장(名將) 중 한 명이다. 2008년 스페인 바르셀로나에서 감독을 시작한 그는 부임 첫해에 트레블(리그·컵·챔피언스리그 3관왕)을 달성했다. 2013년 바이에른 뮌헨 부임 이후엔 2시즌 모두 분데스리가 우승을 이끌었다. 과르디올라는 바르셀로나에서 보여줬던 '티키타카(짧은 패스를 끊임없이 주고받는 축구 스타일)'를 맨시티에 이식했다. 경기당 60%가 넘는 볼 점유율, 쉴 새 없는 압박과 패스로 상대를 휘젓는 현재 맨시티의 축구는 과거 잉글랜드 프로팀에서 좀처럼 볼 수 없었던 축구다. 대다수 잉글랜드 프로팀들이 몸싸움과 스피드를 활용한 단순한 축구를 구사하는 것과 차별화된 스타일이다. 과르디올라는 부임 이후 철저하게 선수들을 관리하기 시작했다. 선수단 식단에서 피자와 같은 고칼로리 음식을 전면 금지하고 과체중 선수는 팀훈련에서 제외했다. 경기 후엔 반드시 선수 모두 단체 식사를 하도록 해 선수단 단합을 꾀했다. 그는 바르셀로나 시절 자정에 갑자기 전화를 걸어 클럽에서 놀고 있는 선수를 나무랄 정도로 선수들을 철저하게 관리한 감독이다.

1. 선수들의 능력을 최대치로 끌어올릴 수 있어야 한다.

2. 선수들의 능력을 정확하게 파악하고, 적재적소에 배치할 수
   있어야 한다.
3. 최강의 팀워크를 구축하는 것이 무엇보다 중요하다.

2) 그렉 포포비치 감독(농구)

시스템 농구는 유기적인 공 흐름(패스)을 바탕으로 이뤄진다. 이를 위해 포포비치 감독은 공을 가지고 있지 않은 선수들의 활발한, 헌신적인 움직임을 강조한다. 동료 선수에게 슛 찬스를 만들어주기 위해 상대팀 선수를 스크린(수비수의 진로를 막는 행위)하거나, 패스를 받기 위해 커트인(수비수를 떨쳐 내기 위해 순간적으로 골대 쪽으로 움직이는 행위)을 하는 모습은 샌안토니오 경기에선 흔한 모습이다. 관중들은 이를 보며 '예술'이라며 환호하지만, 이는 감독의 철저한 의도에 의해 만들어진 것이다. FC바르셀로나에 '티키타카(Tiki-Taka, 스페인어로 탁구공이 왔다 갔다 한다는 뜻으로, 축구에서 짧은 패스로 경기를 풀어나가는 전술)'가 있다면 샌안토니오에는 '시스템'이 있다는 말이 나올 정도로 포포비치의 전술은 높은 평가를 받는다. FC바르셀로나는 티키타카로 유럽 최고의 축구팀들이 격돌하는 '유럽축구연맹(UEFA) 챔피언스리그'에서 우승하는 등 세계 최고의 팀으로 불린다.

3) 거스 히딩크(축구): 위대한 플래너

히딩크 감독은 세계 최고 수준의 유럽 축구팀을 정상에 올려놓았던 경험과 노하우를 보유하고 있다. 필요에 따라 특정 부분의 전문

가를 영입하여 선수관리 전술구사의 전문성을 높였다.

히딩크 감독은 명성이 아닌 실력과 현재 상태 위주로 선수를 뽑았다. 외국 영입 감독으로서의 역량을 발휘해 연고나 파벌, 외풍에 영향받지 않고 공정하게 선발한 것이다. 선수들 간의 내부경쟁을 통해 긴장감을 유지하고 일부 선수의 부상으로 전력에 차질이 생기는 것을 예방했다.

원칙과 규율을 강조함으로써 소프트 측면의 펀더멘털을 강화했다. 체계적인 체력강화 프로그램을 통해 세계수준의 체력을 보유할 수 있도록 하드 측면의 펀더멘털을 보강했다. 특히 2002년 3월부터 5월까지 9단계의 체력강화 프로그램을 실시했다. 창의성에 바탕을 둔 생각하는 축구를 표방했다. 90분 동안 모든 선수가 적진을 압박하고 경기의 주도권을 잡는 공격축구를 선수들에게 주문했다.

컨페더레이션스컵과 골드컵에서의 부진에 따른 비난 여론 속에서도 소신을 갖고 팀을 이끌어 갔다. 월드컵 개막 직전까지 체력훈련에만 집중하고 있다는 비판에도 아랑곳없이 훈련을 계속했다. 선수들 간에도 원활한 커뮤니케이션을 강조해 선후배 사이의 경직된 관계를 깼다.

1. 전문적 식견
2. 공정한 선수선발
3. 펀더멘털
4. 방향 비전의 제시
5. 신뢰와 소신

4) 박항서 감독(축구): '파파 리더십'과 힘이 아닌 마음으로 움직이는 재주

베트남 현지에서'파파 리더십'으로 불리며 선수들을 자식처럼 챙기는 것으로 유명하다. 선수들 또한 박 감독을 베트남어로 '아빠', '스승'으로 표현하는 '짜(Cha)', '타이(Thay)'라 부른다.

경기서 부상당한 선수에게 비즈니스석을 양보하거나, 직접 호텔 방으로 찾아와 마사지를 해주는 등 진심으로 선수들을 사랑하고 존중해 주기 때문이다. 이런 박 감독의 노력에 선수들은 스스로가 변화하기 시작했다. 베트남 대표팀은 선발 명단에서 제외되면 경기 관전조차 하지 않을 정도로 서로에 대한 신뢰가 부족했다.

하지만 박 감독을 필두로 선수들은 강력한 팀워크를 보여주기 시작했다. 필드 내에서는 큰 소리로 끊임없이 선수들을 격려하며, 경기장 안팎으로 선수들과 소통하는 박 감독의 노력이 빛을 발한 것이다.

1. 소통과 포용의 리더십
2. 과학적인 체력진단
3. 현지화 전략, 베트남을 존중하라
4. 자신감 불어넣기

5) 김성근 감독(야구) 리더십

리더는 할아버지가 되는 순간 끝이다. 아버지가 되어야 한다. 넘어졌을 때 일으켜주면 끝이다. 한 번 일으켜주면 다음에 넘어졌을

때도 일으켜주길 기대한다. 스스로 일어날 때까지 지켜봐야 한다. 선수들을 불쌍하게 여겨본 적이 단 한 번도 없다.

1. 리더는 신뢰다.
2. 리더는 목적의식을 심어주고 공유하는 것이다.
3. 리더는 결단하는 것이다.
4. 리더는 그리고 감독은 모든 것을 선수에게 바쳐야 하는 것이다.
5. 리더와 감독은 선수의 숨겨진 1%를 찾아서 발굴해야 하는 것이 숙명이다.
6. 열의, 성의, 창의 이 3가지가 필요하다.

6) 김경문 감독(야구) 리더십

"감독은 입으로 뱉은 약속은 어떻게든 지켜야 한다. 따라서 말을 많이 하면 그 말에 발목이 잡혀 불필요한 행동을 하게 된다"며 "감독은 지키지 못할 약속을 남발하지 않기 위해서라도 입이 무거워야 한다."

1. 선수들의 단점보다는 장점을 먼저 본다.
2. 선수 개개인의 특성을 잘 이해하고 그들을 과유불급의 자세로 성장시킨다.
3. 감독이 뱉은 약속은 반드시 지킨다.
4. 동료의 어려움을 이해하고 도와주며 함께 상생한다.
5. 프로이기 때문에 오로지 실력에 근거해 팀을 꾸리고 팀을 위

해 헌신한다.

7) 김인식 감독의 상황별 리더십

1995년 OB 베어스의 우승은 김 감독의 안목이 없었다면 불가능했다. 그해 늦가을 페넌트레이스 마지막 경기에서 반 게임 차이로 극적으로 리그 1위를 차지했을 때의 일이다. 김 감독은 더그아웃에 몰려온 기자들의 질문 공세를 받았고, 그날 선수던 숙소에서 있었던 저녁 식사 자리에서 이렇게 말했다.

아까 기자들이 몰려들어 OB 베어스가 꼴찌에서 1위로 올라서게 만든 수훈 선수가 누구냐고 물었는데, 선수 이름을 몇몇만 댄 것 같다. 혹시라도 내일 신문에 여러분의 이름이 나오지 않아도 내가 경황이 없어 그랬던 거니까 섭섭해하지 마라. 박현영! 올 시즌 수고 많았다.

박현영은 그 시즌 내내 후배에게 주전 선수 자리를 넘겨주고 교체 선수로 들락날락하면서도 불만 없이 팀을 위해 희생한 선수였다. 나뿐만 아니라 그 자리에 있었던 모든 사람이 그 한마디로 김 감독의 배려심을 확인할 수 있었다. 김인식 감독은 상황별 리더십을 현장에서 터득한 사람이기도 했다. 상황별 리더십(Situational Leadership)이란, 리더가 조직원의 능력이나 의욕을 고려하여 4등급으로 나눈 후, 등급에 따라 지시와 후원의 강도가 다른 리더십을 적용한다는 이론이다.

일반적으로 조직의 리더는 목표를 설정하고 그 목표를 달성하기 위해 조직원을 자신의 의도대로 이끌어나간다. 상황별 리더십 이론에 따르면, 리더는 조직원들에게 그 사람의 능력에 맞는 적합한 지시를 내리고, 지속적으로 관찰하며 능력을 키우게 해야 전체 조직의 목표를 달성할 가능성이 크다.

상황별 리더십에 더해, 김인식 감독은 위급하거나 시간이 촉박한 상황에서는 리더가 그러한 상황까지 고려하여 리더십을 발휘해야 한다고 강조했다. 즉 상황의 위급한 정도에 따라서 D4급의 뛰어난 부하에게도 때로는 강력한 지시를 내릴 수 있어야 뛰어난 리더라고 할 수 있다는 뜻이다.

8) 박지성 리더십(축구): 솔선수범하는 '노란 완장' 소통·섬김
   의 리더십 극대화

박지성은 2002년 월드컵이 없었다면 우리에게 알려지지 않았을지도 모른다. 그때까지 거의 무명에 가까웠고 히딩크라는 외국 감독을 만나지 않았다면 영영 주목을 받지 못했을 것이다. 히딩크 감독이 학연이나 지연을 배제한 상태에서 실력과 발전 가능성으로 선수를 발탁했기 때문에 우린 박지성이란 스타를 만나게 된 것이다.

2010년에는 월드컵에 나가야 한다는 명확하면서도 구체적인 목표를 가지고 있었다. 20대 초반의 기성용, 이청용과 같은 어린 선수들에게, 아직 월드컵을 경험하지 못한 선수들에게 월드컵에 참가함으로써 개인적으로 얻는 혜택이 무엇인지? 왜 월드컵에 참가해야하는지? 월드컵이 축구 선수들에게 어떤 의미인지를 설명하면서 2010년 월드컵에 반드시 나가야 한다는 목표 의식을 선수들에게 심어준 것이다.

박지성은 누가 시키지 않아도 그라운드에 먼저 나가 훈련 준비를 한다. 누구보다 열심히 연습에 임한다. 어린 선수들에게 모범(模範)을 보여주고 있는 것이다. 세계 최고의 명문 구단인 맨체스터 유나이티드 축구클럽(Manchester United FC) 선수라면 목에 힘이 들어가고 어깨는 뻣뻣하고 거드름을 피울 만하건만 그는 먼저 솔선수범한다. 한 팀의 리더가 솔선(率先)하여 궂은일 마다하지 않고 남들보다 먼저 나가 훈련에 임하고 누구보다 더 열심히 연습하는데, 많은 선수들의 롤 모델(Role Model)인데, 어느 누가 그를 따르지 않겠는가?

어렵고 무서워 쉽사리 대화하지 못하는 어린 선수들에게 스스럼없이 그리고 편안하게 먼저 다가가 말을 걸어주고 자신이 유럽 생활을 통해 배운 점, 느낀 점, 경험한 것을 진솔하게 얘기해 주면서 그들에게 꿈과 목표를 심어주고 더불어 동기를 부여하고 있는 것이다. 또한 코칭스태프(Coaching staff)에게는 선수들의 애로사항이나 요구사항을 가감 없이 전달함으로써 선수와 코칭스태프 간의 원활하고 효과적인 커뮤니케이션을 위한 가교 역할을 하고 있는 것이다.

자신을 먼저 낮추고 팀원 간의 화합을 강조한다. 팀워크(Teamwork)를 강조한다. 개인을 먼저 생각하기보다는 한국 축구대표팀을 먼저 생각한다. 그가 쓴 <멈추지 않는 도전>에서 이렇게 밝히고 있다. "나는 군대 혜택을 받은 것에 감사하면서 나라에서 받은 혜택만큼 나도 나라에 보탬이 되는 무언가를 해야 한다는 생각을 늘 갖고 있다. 국가대표팀의 일원으로서 한국의 명예를 드높이는 데 혼신을 불사르는 일, 그것이 내가 가장 잘할 수 있는 일이기에 내가 누린 혜택의 몇 곱절로 돌려줄 수 있도록 최선을 다한다."

이렇듯 그는 자신보다는 국가, 남을 먼저 생각하는 겸손함을 가지고 있다.

"산소 탱크"라는 별명답게 그라운드에서 남들보다 한 발 더 뛴다. 몸을 사리지 않는 악바리 같은 근성 있는 플레이를 함으로써 그라운드에서 플레이를 하는 선수들의 투지를 일깨웠다.

1. 명확한 목표를 가지고 있다.
2. 솔선수범한다.
3. 효과적인 커뮤니케이션을 구사한다.
4. 항상 남을 배려하고 겸손하다.
5. 희생정신이 강하다.

9) 홍명보 리더십(축구): 영원한 리베로에서 대한민국(號)의 형님 리더십 리더자

리더는 감동을 주는 사람이다. 리더는 걸림돌을 디딤돌로 바꾸는 사람이다. 리더는 불가능을 가능으로 반전시키는 사람이다. 리더는 약점을 장점으로 승화시키는 사람이다. 리더는 신화를 창조하는 사람이다. 리더는 행복을 주는 사람이다.

한국 축구가 2012년 런던올림픽에서 일본을 꺾고 동메달을 목에 거는 쾌거를 이룩했다. 홍명보 감독은 경기 후 공식 기자회견에서 "2009년 청소년 대표팀을 맡으면서 말했던 바를 모두 이뤘다고 생각한다"면서 "우리 팀은 드림팀"이라고 말했다. 홍 감독은 "좋은 선수가 모여서 드림팀이 아니라 처음에는 미진했지만 꿈을 가지고

이뤄낸 우리 팀이야말로 드림팀이라고 생각한다"며 "선수들이 여기서 멈추지 않고 더 발전해서 한국 축구에 더 큰 자산으로 많은 활약을 해주기를 바란다"고 했다.

리더는 보이는 것만 보면 안 된다. 보이지 않는 곳까지 보아야 한다. 누구나 어렵다고 하는 곳을 바라보아야 한다. 모두가 불가능하다고 생각하는 목표를 꿈꾸어야 한다. 단순히 꿈만 꾸는 게 아니라 신화를 창조할 수 있다는 신념을 가져야 한다. 그래서 리더의 비전은 화려하게 빛나야 한다. 리더의 환하게 빛나고 아름다운 비전은 구성원에 대한 믿음에서 나온다. 일을 하다 보면 먹구름을 만날 수도 있다. 거친 파도를 접할 수도 있다. 리더는 먹구름 뒤에 태양이 빛나고 있다는 신념을 심어주어야 한다. 파도가 치는 바다를 지나면 멋진 신대륙이 있다는 확신을 갖도록 해야 한다. 지금 당하고 있는 어려움이 걸림돌이 아니라 디딤돌이라는 것을 일깨워야 한다. 깨어지고 부서져도 희망과 용기를 잃지 않도록 격려해야 한다. 어떤 상황에서도 용기와 의욕이 솟아나도록 북돋워 줘야 한다. 격려는 조직원에 대한 존중에서 출발한다. 구성원 개개인의 개성과 재능을 잘 접목시켜야 한다. 장점들을 이끌어내 불가능한 일을 가능하도록 바꾸어야 한다. 모든 구성원들이 한계에 도전하여 기적과 신화를 창조하는 주역이 되도록 도와주어야 한다. 태생적 단점이나 한계 때문에 결과가 안 좋거나 기대에 미치지 못할 때에도 감싸주는 마음이 있어야 한다. 외톨이에 대한 세심한 보살핌이 구성원 전체를 건강하게 만든다. 도와주고 보살펴 주려고 하는 배려는 조직원에 대한 사랑에서 비롯된다.

참고문헌

1. 고혈압 진료지침(2022), 대한고혈압학회.
2. 생활습관과 건강 I (2010), 한국산업안전보건공단.
3. 생활과 건강(2020), 정성희, 한국방송통신대학교출판문화원.
4. 습관과 먹거리를 바꾸면 건강이 보인다(2021), 박원석, 소금나무.
5. 식생활과 건강 한 권으로 끝내기(2023), 교육부은하원격평생교육원, 은하출판사.
6. 웰빙 식생활과 건강(2018), 이건수, 라이프사이언스.
7. 교양인의 식생활과 건강(2022), 이정실, 백산출판사.
8. 현대인의 식생활과 건강(2022), 한정순, 지구문화.
9. 운동과 건강(2020), Aprill Ynch, 라이프사이언스.
10. 운동과 건강(2017), 박승한, 페가수스.
11. 운동처방 입문을 위한 운동과 건강(2014), 김재호, 단국대학교출판부.
12. MZ세대 한국생각(2023), 엄경영, 아마존북스.
13. MZ세대의 생활경제(2022), 홍영준, 빨강머리앤.
14. MZ세대 능력자는 뭐가 다를까(2023), 고도코키오, 아름다운사람들.
15. 간단한 습관이 끝까지 간다(2023), 호리에 다카후미, 쌤엔파커스.
16. 식사가 잘못됐습니다(2018), 마키타 젠지, 더난출판사.
17. 아무튼, 술(2019), 김혼비, 제철소.
18. 당뇨코드(2020), 제이슨, 라이팅하우스.
19. 하루 한 끼 당뇨 밥상(2016), 강남세브란스병원 영양팀, 중앙북스.
20. 하루 5분, 약을 쓰지 않고 혈압을 낮추는 방법(2023), 가토 마사토시, 더난출판.
21. 고혈압은 병이 아니다(2015), 마쓰모토 미쓰마사, 에디터.
22. 대사질환에 도전하는 과학자들(2023), 남궁석, 바이오스펙테이터.
23. 최고의 노인정신의학 전문의가 전하는 행복한 노년의 비밀(2022), 와다 히데키, 한스미디어.
24. 여성건강간호학1(2023), 김혜원, 현문사.
25. 기분이 태도가 되지 말자(2022), 김수현, 하이스트.
26. 불안한 완벽주의자를 위한 책(2023), 마이클 투히그, 수오서재.
27. 내가 가진 것을 세상이 원하게 하라(2023), 최인아, 해냄출판사.
28. 헨리 키신저 리더십(2023), 헨리 키신저, 민음사.

이학박사 김수연
(金秀姸, KIM SU YEON)

학력 사항
국민대학교 이학박사

경력 사항
現 서일대학교 교양학부 겸임교수
세종대학교 외래교수
세종대학교 총동문회 사무처장
ISU(국제빙상경기연맹) SPEEDSKATING REFEREE(국제심판)
KSU(대한빙상경기연맹) 이사(SPEEDSKATING) REFEREE 및 심판이사
KGSU(경기도빙상경기연맹) 이사(SPEEDSKATING) 심판이사
경기도체육회 위원
국민체육진흥공단 R&D사업 평가위원

학문 및 대외적 대표활동 사항
現 한국체육학회 평생회원, 한국경영학회 평생회원, 한국경영컨설팅학회 상임이사,
한국여성체육학회 이사, 한국군국 구세군마포교회 자선봉사단장

자격 사항
건강운동관리사 자격증(자격면허 1999, 129호) 자격부: 문화관광부장관
전문스포츠지도사 자격증 1급(빙상)(자격면허 2004, 452호) 자격부: 문화관광부장관
ISU(국제빙상경기연맹) 스피드스케이팅 REFEREE, KSU(대한빙상경기연맹) 스피드스
케이팅 REEREE
재활트레이닝 체육지도사 1급, 카이로프랙틱 1급, 댄스스포츠 1급, 라인댄스 1급 외 국
가자격증 21개 취득
서울특별시 심뇌혈관질환 예방관리 전문강사

대외적 대표활동 내역
前 80~96년 대한민국 빙상 선수
99~07년 강서구시설관리공단 체육사업팀 건강증진센터장

02~04년 강서구민 53만이 함께하는 체중줄이기 총책임운영위원장
04~06년 Bicycle Life & Speed inline (주) BL프레스. 운동과 건강 연재
04.05.13 한국교육방송공사(EBS) 「일과 사람들-성공한 여성」 방송 출연
05~07년 한국건강관리협회 국민건강생활실천 전임강사
06~07년 한국건강관리협회 건강소식지(운동과 건강) 월간호 연재
08.06.03 일자리방송(일자리 와이브-운동처방사 편) 방송 출연
10.03.10~03.30 한국교육방송공사(EBS) 어린이 건강멘토상담(운동처방) 방송 출연
08.12.26 대한빙상경기연맹 심판(대한민국 최초 여성심판 1호) 연합뉴스
2017.02.25 아시안게임 빙상(SpeedskatING) 대한민국 최초 REFEREE 여성심판 1
호. 스포츠Q

전문 분야
스포츠 마케팅 및 경영학 / 운동처방 / SPEEDSKATING REFEREE

Lifestyle Health and Exercise

생활 건강과 운동

초판인쇄   2023년 8월 11일
초판발행   2023년 8월 11일

지은이   김수연
펴낸이   채종준
펴낸곳   한국학술정보㈜
주 소   경기도 파주시 회동길 230(문발동)
전 화   031) 908-3181(대표)
팩 스   031) 908-3189
홈페이지   http://ebook.kstudy.com
E-mail   출판사업부 publish@kstudy.com
등 록   제일산-115호(2000. 6. 19)

ISBN   979-11-6983-591-6   93690